El poder de los
PADRES
que ORAN

D0012813

STORMIE
OMARTIAN

Editorial
UNILIT

Sepa

Publicado por
Editorial Unilit
Miami, FL 33172
Derechos reservados

© 2001 Editorial Unilit (Spanish translation)
Primera edición 2001

© 1995/2005 por Stormie Omartian
Originalmente publicado en inglés con el título:
The Power of a Praying® Parent por Stormie Omartian.
Publicado por Harvest House Publishers
Eugene, Oregon 97402
www.harvesthousepublishers.com

THE POWER OF PRAYING (*El poder de orar*) es una marca registrada de The Hawkins Children's LLC. Harvest House Publishers, Inc., tiene la licencia exclusiva de la marca registrada federalmente THE POWER OF PRAYING.

Traducción: Silvia Bolet de Fernández
Diseño de la portada: Koechel Peterson & Associates, Minneapolis, Minnesota.

Producto 495192
ISBN 0-7899-0936-7
ISBN 978-0-7899-0936-7

Impreso en Colombia
Printed in Colombia

Categoría: Vida cristiana/Crecimiento espiritual/Oración
Category: Christian Living/Spiritual Growth/Prayer

Contenido

Reconocimientos

Con especial agradecimiento:

A mis hijos, Amanda y Christopher, por llenar mi vida con gozo y proporcionarme tanto por qué orar.

A mi esposo Michael, por su disposición a dedicar innumerables horas a mi lado, durante los últimos veintiún años, cubriendo a nuestros hijos en oración.

A mi secretaria, Susan Martínez, por ser una ayuda talentosa y valiosa, animando, consolando, por ser hermana y amiga.

A mi amigo y padre compañero de oración, David Hazard, por animarme a escribir este libro.

A mi brillante jefe de edición y querida amiga en el Señor, Eileen Mason, por su visión con este libro, su corazón para con los padres preocupados en todas partes, y por compartir libremente las riquezas de su espíritu dulce y piadoso.

A mis dotados editores, Betty Fletcher y Judith Markahm, por todos sus valiosos aportes.

A mi familia de Harvest House, Bob Hawkins, Sr., Bob Hawkins, Jr., Bill Jensen, Julie McKineey, y LaRae Weikert, por usar con fidelidad sus enormes talentos para la gloria de Dios y por su dedicación en ayudarme a mí y a otros autores, a traer esperanza y ayuda a todo el que lo necesite.

A mis compañeras de oración, Susan Martínez, Roz Thompson, y Jan Williamson, por las muchas horas de oración invertidas en este proyecto, en mis hijos y en mi vida.

A mis compañeras de oración a larga distancia, Debre Goldstone, Pamela Hart, y Lisa Welchel Cauble, por no olvidarme cuando me mudé a Tennessee y por considerar este proyecto lo suficientemente valioso como para comprometerse a orar por él.

A mi padre espiritual y pastor por veintitrés años, Pastor Jack Hayford, por enseñarme a orar.

Al Pastor Dale y Joan Evrist, por recordarme que mi tesoro tan solo puede ser encontrado en el rostro de Dios.

A mi hijo espiritual adoptivo, John Kendrick, por dejarme ser su mamá en esta tierra desde que su primera mamá marchó al cielo.

A mi ama de llaves, Thelma Peña López, por sus diecisiete años de fiel servicio y por mostrarme que el corazón de una madre no tiene barrera de idiomas.

Prólogo

$\mathcal{M}$i mamá ha sido una madre especial para mí. Me anima e intenta ayudarme en todo. Estoy muy agradecida por sus oraciones y amor. Ella ora por mí a diario y pienso que esa es una de las razones por la cual las cosas marchan bien, tanto en el colegio como en mi vida. Sus oraciones han hecho una diferencia en mí, y a causa de ellas, yo estoy viva en esta tierra.

En una ocasión produjeron un cambio muy grande y maravilloso, cosa que nunca imaginé que pudiera suceder. En mi escuela, yo tenía una compañera de clase muy perversa y nunca quería acercarme a ella pues me causaba temor. Cuando lo compartí con mi mamá, ella decidió que deberíamos orar juntas por esa niña. Yo pensé que eso era una buena idea y así lo hicimos casi a diario hasta que se acabó el colegio. También durante el verano. Al siguiente año de escuela, sucedió un milagro y esa niña cambió por completo, y se convirtió en una de mis mejores amigas. Esto afectó mi vida y fue una de las mejores cosas que me haya sucedido.

La oración de mamá dio resultado. No funciona siempre, pero aún cuando nuestras oraciones no son contestadas de inmediato, tan solo orar o que alguien ore por uno, me hace sentir mejor. Estoy agradecida a Dios y a mi madre. Gracias mamá.

Amanda Omartian (13 años de edad)

*B*ueno, tengo que decir que en realidad he sido bendecido con un par de padres muy amorosos, compasivos, comprensivos y sí, incluso en ocasiones cómicos. Pero de las muchas cualidades maravillosas que mis padres poseen, la que más respeto es su persistencia en orar por mí y mi hermana y por nuestro diario vivir. Si tuviera que decirles cuánta diferencia han marcado sus oraciones en mi vida y lo que ellas significan para mí, posiblemente terminaría escribiendo más que mi mamá. Sin embargo, ya que posiblemente no escogiste este libro para leer mis escritos, puntualizaré el momento más sobresaliente en mi vida, cuando tener padres que oran fue una real ventaja.

A través de mis dieciocho años, mis padres han estado en oración constante por mi seguridad. Mientras estaba creciendo en la "apacible" ciudad de Los Ángeles, esas oraciones me mantuvieron protegidos del peligro. Recuerdo con claridad una ocasión en particular durante mi primer año de escuela superior, cuando Dios me protegió en un serio accidente automovilístico. Dos muchachos y yo, nos dirigíamos en el auto hacia la escuela una mañana y no estábamos usando el cinturón de seguridad. Chocamos casi de frente con otro automóvil al hacer una izquierda en la intersección. Uno de mis amigos fue lesionado gravemente al salir disparado por el cristal delantero, y la cara del otro muchacho dio contra el manubrio. Yo estaba en el asiento trasero y solo tuve una leve lesión en la parte baja de la espalda. En una situación donde todo el mundo pudo haber muerto, Dios puso su protección sobre el auto y nos libró a los tres. Fue en ese punto de mi vida cuando comprendí lo importante que son las oraciones, y gané una perspectiva más clara del poder maravilloso de Dios en medio de circunstancias desastrosas.

Estoy eternamente agradecido a mis padres por su persistencia en orar por mi vida. La diferencia no solo se ha limitado a ser librado del peligro, sino también a mantenerme en el camino correcto, como persona honesta y moral.

Supongo que ahora que tengo dieciocho años, las oraciones de mis padres posiblemente cambiarán de alguna forma. Sospecho que oren para que me apresure, me case y puedan así disfrutar el hogar solos, en pareja.

Christopher Omartian (18 años de edad)

Levántate, da voces en la noche, al comenzar
las vigilias; derrama como agua tu corazón
ante la presencia del Señor; alza tus
manos a él implorando la vida
de tus pequeñitos.

Lamentaciones 2:19

Capítulo uno

Transformémonos en padres que oran

*E*s el mejor de los trabajos. Es el más difícil de ellos. Te puede brindar el gozo supremo y también causar el mayor dolor. Nada te satisface más, ni es más excitante. No existe algo más agotador o extenuante. Si las cosas marchan mal en esa área de tu vida, será ahí donde experimentes el fracaso con mayor impacto.

¡SER PADRES!

Estas palabras en sí mismas hacen aflorar emociones contradictorias. Intentamos criar a nuestros hijos lo mejor posible. Entonces, cuando creemos dominar todo ese terreno de la paternidad, llegan nuevas etapas y edades, que nos conducen a territorios desconocidos y a enfrentar nuevos desafíos. En ocasiones navegamos suavemente. En otras, encontramos tempestades y maremotos. Por momentos nos cansamos tanto que queremos rendirnos, y dejar que la tormenta nos lleve a donde le plazca.

Pero tengo buenas noticias. No tenemos que ser llevados de un lado a otro, por estos vientos de cambio. *Las vidas de nuestros hijos jamás deben ser dejadas al azar.*

No tenemos que caminar de un lado a otro con ansiedad, comiéndonos las uñas, estrellando nuestros nudillos, temiendo a los terribles o tortuosos adolescentes. No tenemos que vivir en temor de lo que cada nueva fase de desarrollo pueda traer, ni de qué peligros estén acechando tras cada esquina. Tampoco tenemos que ser padres perfectos. Podemos comenzar ahora mismo, en este preciso instante, a marcar una diferencia positiva en el futuro de nuestro hijo. Nunca es muy temprano ni demasiado tarde. No importa si el niño tiene tres días de nacido y es perfecto, o si cuenta con treinta años de edad y atraviesa su tercer divorcio, a causa de un problema de alcohol. En cada etapa de sus vidas nuestros hijos necesitan y se beneficiarán grandemente de nuestras oraciones. La clave no es intentar hacerlo todo a la vez, y por uno mismo. Debemos cubrir cada detalle de la vida de nuestros hijos con oración. Hay un gran *poder* en ello, que va más allá de lo que la mayoría de las personas puedan imaginar. De hecho, nunca subestimes el poder de un padre que ora.

Yo no tuve el mejor modelo de padres, ya que fui criada por una madre mentalmente enferma y muy abusiva. Escribí sobre ese abuso y mi milagrosa recuperación de sus efectos, en mi libro *Stormie* (Casa Publicadora Harvest). También relaté cómo el tener mi primer hijo, nuestro Christopher, me hizo percatarme de que yo tenía el potencial en mí para ser una progenitora abusiva. Descubrí que sin Dios estamos destinados a repetir los errores de nuestro pasado y a copiar lo que hemos observado. Una escena de la niñez puede cruzar delante de nuestra mente como un relámpago, y desarrollarse en el escenario de tu vida en un momento de debilidad, antes de que tú misma concienties lo que ha sucedido. Puede ocurrir tan súbitamente, que te sientas sin poder para controlarlo, y tal vez te impulse a hacer y decir cosas destructivas a tus hijos. Esto se complica con la culpa, que inevitablemente echa raíz y crece a menudo en proporciones que paralizan.

Gracias a Dios yo tuve buena consejería y apoyo, y logré vencer el problema antes de causarle daño alguno a mi hijo, pero muchas personas no han sido tan afortunadas.

Por estar dolorosamente consciente de no tener una experiencia positiva de padres a quienes imitar, yo estaba nerviosa y ansiosa cuando nació mi primer hijo. Temía que iba a actuar con él como habían hecho conmigo. Leía todo libro disponible sobre el tema de la paternidad y asistía a cada seminario cristiano que pudiera encontrar de cómo educar a los hijos, Intenté encausar toda esta información buena y beneficiosa lo mejor posible, pero nunca era suficiente.

Tenía un sinnúmero de agonizantes preocupaciones por el crecimiento social, espiritual, emocional y mental de mi hijo, pero lo que más me preocupaba era mi temor de que algo malo le fuera a suceder a él. Secuestro, ahogo, un accidente que le desfigurara, lesiones irreparables, enfermedades, molestias sexuales, abuso, violación, o muerte atravesaban mi mente como una posibilidad en su futuro. Por mucho que intentara no ser una madre que reaccionara excesivamente, cada periódico, artículo de revista o noticia de televisión sobre un crimen, me hacía preocuparme más por su bienestar. Para colmo de males, vivíamos en Los Ángeles, una ciudad donde reinaba el crimen. Era más de lo que yo podía manejar.

Un día en oración clamé a Dios, diciéndole: "Señor, esto es demasiado para mí. Yo no puedo mantener una vigilancia de veinticuatro horas diarias, momento a momento sobre mi hijo. ¿Cómo podré tener paz?"

Durante las siguientes semanas el Señor habló a mi corazón acerca de encomendarle a Él a nuestro hijo. Mi esposo y yo habíamos dedicado a Christopher a Dios en un servicio de la iglesia, pero Él deseaba más que eso. Quería que continuáramos confiándoselo a diario. Esto no significaba que ahora renunciaríamos a toda responsabilidad como padres. Por el contrario, íbamos a declararnos en completa sociedad con

Dios. Él llevaría en sus hombros el peso de la carga y proveería sabiduría, poder, protección y habilidad mayor que la nuestra. Nosotros haríamos nuestro trabajo de disciplinarlo, enseñarle, criarle e "instruir al niño en su camino", sabiendo que "aún cuando fuere viejo no se apartará de él" (Proverbios 22:6). Dependeríamos de Dios para ser capaces de educar a nuestro hijo de forma apropiada, y Él se encargaría de que la vida de nuestro hijo fuera bendecida.

Una parte importante de nuestro trabajo era mantener los detalles de la vida de nuestros hijos cubierta con oración. Al hacerlo, aprendí a identificar cada preocupación, temor o posible escenario que viniera a mi mente como un impulso del Espíritu Santo para orar por ello en particular. A medida que cubría a Christopher en oración y lo entregaba en las manos de Dios, Él libraba mi mente de esa preocupación en particular. Esto no significaba que una vez que yo oraba por algo, nunca lo hacía nuevamente por el mismo motivo, pero al menos por un tiempo, era librada de la carga. Cuando surgía de nuevo, oraba sobre eso una vez más. Dios no prometió que nada malo le pasaría a mi hijo, pero el orar desató el poder de Dios para obrar en su vida, y yo podía disfrutar más paz en el proceso.

También aprendí que no debía intentar imponer mi propia voluntad sobre mi hijo durante la oración. Esto sólo conduce a frustración y desencanto. Tú conoces el tipo de oración a la que me refiero, porque todos somos propensos a ella: "Dios, oro para que Christopher crezca y se case con la hija de mi mejor amiga." (Sus padres serían unos suegros maravillosos.) O así, "Señor, deja que Amanda sea aceptada en este colegio." (Entonces me puedo sentir mejor conmigo misma.)

Por supuesto que nunca admitiremos conscientemente las palabras que están entre paréntesis, pero allí se ubican, en el fondo de nuestra mente, inspirándonos sutilmente a imponer nuestra voluntad en el oído de Dios. He aprendido que es mejor suplicar, "Señor, muéstrame cómo orar por mi hijo. Ayúdame a educarlo a tu manera, y que tu voluntad sea hecha en su vida."

Cuando nació nuestra hija Amanda, cuatro años y medios después de Christopher, ya Dios me había enseñado lo que significaba orar con gran profundidad e interceder en realidad por la vida de mis hijos. Durante los próximos doce años, el Señor respondió mis oraciones en muchas formas maravillosas, y hoy veo los resultados.

Mi esposo y yo reconocemos la mano de Dios sobre las vidas de nuestros hijos, y ellos en realidad lo admiten también. Porque es el poder de Dios el que penetra la vida de un niño, cuando un padre ora.

¿Qué es la oración y cómo funciona?

La oración es mucho más que solo entregar una lista de deseos a Dios, como si Él fuera el gran Papá Damelotodo / Papá Noel en el cielo. Orar es reconocer y experimentar la presencia de Dios e involucrarle en nuestras vidas y circunstancias. Es buscar esa *presencia* y liberar su *poder,* lo que nos brinda los medios para vencer cualquier problema.

La Biblia dice, "... todo lo que atéis en la tierra, será atado en el cielo; y todo lo que desatéis en la tierra, será desatado en el cielo" (Mateo 18:18). Dios nos da autoridad en la tierra. Cuando tomamos esa autoridad, Él desata su poder hacia nosotros desde el cielo. Es el poder de Dios y *no* el nuestro, nosotros sólo somos el vaso por medio del cual éste fluye. Cuando oramos, atraemos esa potestad sobre todo aquello por lo que estamos intercediendo, y dejamos que obre a través de nuestra impotencia. Cuando oramos, nos humillamos a nosotros mismos delante de Dios y decimos: "Necesito tu presencia y tu poder, Señor. No puedo hacer esto sin ti". Si no oramos, es como decir que somos más que suficientes para enfrentar situaciones y que no necesitamos a Dios.

Orar en el nombre de Jesús es una clave importante del poder de Dios. Jesús dijo, "...De cierto, de cierto os digo, que todo cuanto pidiereis al Padre en mi nombre, os lo dará" (Juan 16:23). Esto nos da autoridad sobre el enemigo y prueba que tenemos fe en Dios para hacer lo que su Palabra promete. El Señor conoce nuestros pensamientos y necesidades, pero Él responde a nuestras oraciones. Es por eso que siempre nos da a escoger en todo, incluso si vamos a confiar en Él y obedecerle, orando en el nombre de Jesús.

La oración no sólo *nos* afecta, también alcanza e influye en aquellos por los que oramos. Cuando nosotros intercedemos por nuestros hijos, le estamos pidiendo a Dios que haga de su presencia parte de sus vidas y que obre con poder a su favor. Eso no significa que siempre habrá una respuesta *inmediata*. En ocasiones puede tomar días, semanas, meses o incluso años. Pero nuestras oraciones nunca se pierden o carecen de significado. Si estamos orando, algo está sucediendo, podamos verlo o no. La Biblia dice, "...la oración eficaz del justo puede mucho" (Santiago 5:16). Todo lo que necesita suceder en nuestras vidas y en la de nuestros hijos, no sería posible sin la presencia y el poder de Dios. La oración invita y enciende ambas.

Comienza con una lista individual

En realidad, comencé a orar por cada uno de mis hijos desde el momento en que fueron concebidos porque la Biblia dice, "...bendijo a tus hijos dentro de ti" (Salmo 147:13). Creo en el poder de la oración. Lo que yo *no* comprendía en ese momento era la importancia que adquiría para Él, cada detalle de nuestras vidas. No es suficiente orar tan sólo por las preocupaciones del momento; necesitamos hacerlo por el futuro, y para contrarrestar los efectos de eventos del pasado. Cuando el Rey David estuvo deprimido por lo que había sucedido en su vida y temía sobre las consecuencias futuras

(Salmo 143), él no dijo simplemente: "Oh, bueno, que sea lo que sea". Él clamó a Dios sobre el pasado, presente y futuro de su vida. Oró en relación a *todo*. Y eso es exactamente lo que nosotros tenemos que hacer también.

Para hacerlo con efectividad, es conveniente hacer una lista extensa e individual para cada niño. Esto no es alguna obsesión legalista que dice: "Si yo no oro por cada detalle en específico, Dios no lo cubrirá". Simplemente experimentaba más tranquilidad al saber que Dios había escuchado cada una de mis muchas preocupaciones. Así que una vez al año, cuando íbamos a la playa para nuestra vacación familiar, dedicaba esas atesoradas primeras horas de la mañana, antes de que todos se levantaran, para pasar tiempo con Dios haciendo una lista maestra de oración. Me sentaba y miraba hacia el océano, con lápiz y papel en mano, y le pedía a Dios que me mostrara cómo orar por cada niño durante los próximos doce meses. Después de todo, Él era el único que sabía en realidad lo que cada niño necesitaba y qué retos enfrentarían ellos en el futuro. La Biblia dice: "La comunión íntima (secretos) del Señor es con los que le temen" (Salmo 25:14). Él nos hace revelaciones cuando se lo pedimos. Dios siempre me recibía con buenas instrucciones y yo regresaba a casa con una lista de oración para cada uno de mis hijos. Luego, en el transcurso del año, yo le añadía algo siempre que fuera necesario.

Mantuve muchas de esas listas, y a medida que las reviso y veo todas las respuestas a mis oraciones, me reverencio ante la fidelidad de Dios para obrar en las vidas de nuestros hijos cuando oramos.

La Palabra de Dios como arma

La batalla por la vida de nuestros hijos, se libra sobre nuestras rodillas. Cuando no oramos, es como si nos sentáramos a un lado observando a nuestros hijos en una zona de guerra recibiendo disparos desde todos los ángulos. Cuando nosotros *sí* oramos, estamos en la batalla junto a ellos, apropiándonos del poder de Dios en su favor. Si declaramos la Palabra de Dios en nuestras oraciones, entonces empuñamos un arma poderosa que ningún enemigo puede vencer.

La Palabra de Dios es "viva y eficaz y más cortante que toda espada de dos filos" (Hebreos 4:12) y atraviesa todo lo que toca. Dios dice que su Palabra, "...no volverá a mí vacía, sino que hará lo que yo quiero, y será prosperada en aquello para que la envié" (Isaías 55:11). Expresado de otra forma, su Palabra *nunca* es inefectiva o sin frutos. Es por ello que he incluido un número de versos de la Biblia a continuación de cada ejemplo de oración. Cuando estás orando por tu hijo, incluye un verso de la Escritura apropiado en tu plegaria. Si no te viene ninguno a la mente, en ese momento, no dejes que eso te detenga, pero cita un verso o dos siempre que puedas y serás testigo de cosas poderosas.

Mientras lees la Palabra durante tu tiempo devocional y oras por tus hijos, con la dirección del Espíritu Santo, encontrarás muchas otras Escrituras para incluir. No tienes que tener un verso diferente para cada oración. Puede que tengas uno o dos versos que uses con frecuencia durante un tiempo específico de intercesión por tus hijos. Por ejemplo, cuando mi hija atravesó un período de lucha en el colegio, cada vez que orábamos juntas sobre el asunto yo le animaba a citar: "Todo lo puedo en Cristo que me fortalece" (Filipenses 4:13). Cuando clamaba a solas sobre el asunto, incorporé el verso "claman los justos y el Señor los oye, y los libra de todas sus angustias" (Salmo 34:17 BdlA).

Cuando incluimos la Palabra de Dios en la oración, estamos aferrándonos a las promesas que Él nos da y apropiándonos de ellas, para la vida de nuestros hijos. Por medio de su Palabra, Dios nos dirige, habla, y recuerda que Él es fiel. De esa forma, Él edifica fe en *nuestros* corazones y nos capacita para comprender *su* corazón. Esto nos ayuda a orar en fe osadamente, sabiendo con precisión cuál es *su* verdad, *su* voluntad, y *nuestra* autoridad.

Cuando Jesús le habló al Diablo, Él lo reprendió. En ocasiones al hacerlo, citó Escrituras. Por ejemplo, cuando Satanás le dijo a Jesús: "Si tú postrado me adorares, todos serán tuyos. Respondiéndole Jesús, le dijo: Vete de mí, Satanás, porque escrito está: Al Señor tu Dios adorarás, y a él solo servirás" (Lucas 4:7-8).

Jesús es nuestro modelo a seguir. Nosotros debemos observarlo e imitarlo. Él dijo: "De cierto, de cierto os digo: El que en mí cree, las obras que yo hago, él las hará también; y aun mayores hará porque yo voy al Padre" (Juan 14:12). También dijo: "Si permanecéis en mí, y mis palabras permanecen en vosotros, pedid todo lo que queréis, y os será hecho" (Juan 15:7). Podemos resistir al diablo con mayor efectividad si oramos a Dios de acuerdo a sus instrucciones encontradas en las Escrituras, y si comprendemos el poder y la autoridad que nos ha sido conferida por medio de Jesucristo. Si nosotros...

Le *OBSERVAMOS* a Él,
CAMINAMOS con Él,
ESPERAMOS en Él,
Le *ADORAMOS* a Él,
y *VIVIMOS* en su Palabra,
EL GANARÁ la batalla por nuestros hijos.

Siempre que ores por tu hijo, hazlo como si estuvieses intercediendo por su vida, porque eso es *exactamente* lo que estás haciendo. Recuerda que mientras Dios tiene un plan perfecto para las vidas de nuestros hijos, Satanás tiene un plan para ellos también. El plan del maligno es destruirlos, y él intentará usar cualquier medio posible para hacerlo: drogas, sexo, alcohol, rebelión, accidentes, enfermedades. Pero no podrá usar con éxito ninguna de ellas, si su poder ha sido disipado con la oración. La Biblia dice: "Porque ¿cómo puede alguno entrar en la casa del hombre fuerte, y saquear sus bienes, si primero no le ata? Y entonces podrá saquear su casa" (Mateo 12:29). En otras palabras, no conseguiremos ningún efecto en el territorio del diablo a menos que primero le atemos y le prohibamos cualquier autoridad allí. Y podemos también, prohibirle el acceso a las vidas de nuestros hijos.

Por supuesto, Satanás puede hacer mucho daño si nosotros no enseñamos a nuestros hijos los caminos de Dios y su Palabra, influimos para que respeten sus leyes, y les disciplinamos, guiamos, y ayudamos a que aprendan a tomar decisiones santas.

La Biblia nos dice:

Instruye al niño en su camino, y aun cuando fuere
viejo no se apartará de él.

Proverbios 22:6

Cuando no hacemos esas cosas, nuestros hijos pueden caer en rebelión y tomar decisiones que los aparta de las alas protectoras de Dios. La oración y la instrucción apropiada en las normas y Palabra del Señor, asegurará que esto no suceda y que el plan de Dios tenga éxito, no el del diablo. La Biblia dice: "Someteos, pues a Dios; resistid al diablo, y huirá de vosotros" (Santiago 4:7). Tomar autoridad sobre el plan de Satanás en oración, es parte de resistir al diablo. Resistiéndolo a favor de nuestros hijos, puede otorgarles a ellos libertad para tomar decisiones santas.

Satanás siempre pretenderá crear un caso en contra de nuestros hijos, para poder tener acceso a sus vidas. Sin embargo, si estamos armados con Escrituras, él tendrá que contender con la Palabra de Dios. La Biblia dice: "Entonces oí una gran voz en el cielo, que decía: Ahora ha venido la salvación, el poder, y el reino de nuestro Dios, y la autoridad de su Cristo; porque ha sido lanzado fuera el acusador de nuestros hermanos, el que los acusaba delante de nuestro Dios día y noche" (Apocalipsis 12:10). La muerte de Jesús en la cruz rompió la espalda del acusador, pero el Malvado aún hostigará a todo aquél que desconozca la autoridad que Dios le ha dado sobre él. Aquí es donde se hacen presente nuestras plegarias. Nuestros hijos continuarán siendo acusados, hasta que quebrantemos las fortalezas del acusador en oración, usando la Palabra de Dios como evidencia resistente en contra suya.

Un buen ejemplo de oración contestada

Desde que nuestro hijo cumplió los dos años de edad, mi esposo y yo hemos tenido grupos de oración en el hogar. Nuestra iglesia había organizado estos pequeños grupos en los hogares y nosotros dirigíamos uno de ellos. Con el tiempo nos dimos cuenta que las necesidades que abordábamos eran demasiadas como para ser manejadas en una reunión mensual, así que añadimos otra noche cada mes tan solo para orar con los adultos. Durante ese tiempo intercedimos por todo tipo de necesidad, pero el volumen de las peticiones de oración por nuestros hijos era enorme. Como resultado, sentí que debíamos tener un día entero dedicado en específico a orar con nuestros hijos y por cada uno de ellos. Este tiempo de intercesión, que llamamos "Intercediendo por las vidas de nuestros hijos", se volvió tan popular que las personas lo demandaban una y otra vez. De hecho, el fundamento para este libro comenzó hace más de veinte años en esos grupos de oración. Ninguno de nosotros tenía idea de la importancia que ellos tendrían. Tan solo sabíamos que seguíamos la dirección del Señor a medida que aprendíamos a interceder y nos regocijábamos juntos al ser testigos de las muchas respuestas a nuestras oraciones. (Vea el Apéndice "Orando unidos con otros padres", para sugerencias de cómo organizar tu propio tiempo de intercesión en grupo por los niños.)

La Biblia dice: "Si dos de vosotros se pusieren de acuerdo en la tierra acerca de cualquiera cosa que pidieren, les será hecho por mi Padre que está en los cielos" (Mateo 18:19). También uno puede hacer huir a mil y dos pueden hacer huir a diez mil (Deuteronomio 32:30). No se necesita ser un gran matemático para entender, entonces, cuán poderosa puede resultar la reunión de diez o doce padres, uniendo fuerzas en oración y clamando a Dios por sus hijos.

En la Escritura que yo uso como versos principales de todo este libro, Dios ordena: "Levántate, da voces en la noche, al comenzar las vigilias; derrama como agua tu corazón ante la presencia del Señor; alza tus manos a él implorando la vida de tus pequeñitos" (Lamentaciones 2:19). ¿Cómo puede estar más claro, que debemos orar con *fervor* y *pasión* por nuestros jóvenes, y esperar que esas súplicas sean contestadas?

Hemos tenido tantas respuestas a las oraciones de los últimos veinte años en nuestros grupos de oración, que yo podría escribir todo un libro que las contenga; con testimonios de padres e hijos que estuvieron envueltos. Sin embargo, resalta en mi mente un momento específico, porque fue un resultado directo de nuestro *primer* tiempo de oración y fue un clamor apremiante de todos nosotros en el grupo.

Nancy, una madre soltera, pidió oración por su hija, Janet, quien conocía al Señor pero se estaba alejando de Él a causa de su desencanto y heridas provocadas por el divorcio de sus padres. Una de las cosas específicas por las que oramos fue por la protección de Janet, porque sabíamos que los hijos que decidían caminar independientes, alejados del amparo protector de las bendiciones de Dios, se exponen a todo tipo de peligro. A las pocas semanas de haber hecho esa oración, Janet manejaba por la carretera tarde en la noche y su auto fue impactado de frente por un conductor en estado de embriaguez que bajaba por la rampa equivocada y conducía a toda velocidad en dirección contraria. Los médicos dijeron que fue un milagro que ella no muriera, pero sufrió lesiones severas en su cabeza, cuello, hombros y espalda.

Con el tiempo, por medio de continuas oraciones y terapia física, Janet se recuperó por completo, física y espiritualmente. Ella, su mamá y todos los que oramos, creemos que no estaría viva de no haber intercedido por ella, antes del accidente. Actualmente Janet está felizmente casada, con una preciosa hija, y es una mujer cristiana devota. Fue nuestra secretaria y asistente durante ocho años y siempre será nuestro mejor recordatorio del poder de la oración de los padres.

Cuando la respuesta no llega

Posiblemente la parte más difícil de orar por nuestros hijos, es aguardar las respuestas a nuestras plegarias. En ocasiones la respuesta llega rápido, pero muchas veces no. Cuando esto no sucede, nos podemos volver desanimados, desesperados o enojados con Dios. Todo parece sin esperanza y deseamos rendirnos. En ocasiones, a pesar de todo lo que hemos hecho por ellos y todas nuestras oraciones, nuestros hijos toman decisiones equivocadas y luego enfrentan las consecuencias. Esas ocasiones son difíciles para los padres, no importa la edad de los hijos.

Si tu hijo ha tomado decisiones equivocadas, no te reproches a ti misma ni dejes de orar. Mantén las líneas de comunicación abiertas con tu hijo, continúa intercediendo por él o ella y declara la Palabra de Dios. En lugar de rendirte, resuelve ser *aún* más dedicada a la oración. Ora con otros creyentes. Mantente firme y di: "Tan solo he comenzado la lucha", manteniendo en mente que *tu* parte en ella es orar. En realidad *Dios* pelea la batalla. También recuerda, que tu lucha no es con tu hijo, es con el diablo. Él es nuestro enemigo, no nuestros hijos. Párate firme en oración hasta que veas una victoria en la vida de tu hijo.

Una de las Escrituras que exhorta más en cuanto a tal perseverancia es cuando David dijo: "Perseguí a mis enemigos, y los alcancé, y no volví hasta acabarlos. Los herí de modo que no se levantasen; cayeron debajo de mis pies. Pues me ceñiste de fuerzas para la pelea; has humillado a mis enemigos debajo de mí" (Salmo 18:37-39). Él no se detuvo hasta que el trabajo estaba terminado y nosotros también debemos hacer igual. Es necesario seguir orando hasta que veamos la respuesta.

Si tienes enojo o falta de perdón hacia Dios o tus hijos, sí, aun los padres amorosos pueden tener estos sentimientos, díselo a Dios con toda honestidad. Si te sientes desanimado y sin esperanzas, establécelo con claridad. No vivas con emociones negativas y culpas que pueden separarte de Dios. Comparte todos tus sentimientos honestamente con Él y luego pídele que te perdone y te muestre cuál debe ser tu próximo paso. Sobre todo, no permitas que algún desencanto por oraciones no contestadas te impida orar.

Dije "orar", no ser "perfectos"

Cuando las cosas van mal en la vida de nuestros hijos, nos culpamos a nosotros mismos. Nos reprochamos no ser padres perfectos. Pero no es ser una madre perfecta lo que hace la diferencia en la vida del hijo, porque no hay padres de esa condición. Ninguno de nosotros es perfecto, entonces ¿cómo pretender serlo como padres? Lo que hace la diferencia es ser padres que *oran*. Y eso es algo que *todos* podemos ser. De hecho, ni siquiera tenemos que ser padres. Podemos ser un amigo, maestro, una abuela, tía, prima, vecina, un guardián, o incluso un extraño con un corazón de compasión o preocupación hacia un niño. El niño puede ser alguien del que hemos oído o leído en el periódico; el niño puede incluso ser un adulto por quien sentimos con un corazón de padre o madre.

Si te enteras de un niño que no tiene padres que oren, tú puedes ponerte en la brecha ahora y responder a la necesidad. Tienes la posibilidad de efectuar un cambio en la vida de cualquier niño que te preocupe. Todo lo que necesitas es un corazón que diga "Dios, muéstrame cómo orar de forma que yo haga una diferencia en la vida de este niño". Luego comienzas con las oraciones que aparecen en este libro y busca la dirección del Espíritu Santo.

Al final de cada capítulo, he incluido sugerencias de oración para tu uso. Puede que desees orar una cada día durante un mes, dedicarte a una oración específica por una semana, o concentrarte en tu preocupación mayor del momento hasta que te sientas libre para dedicarle a otra.

Repite estas oraciones tan a menudo como gustes. Dios no dijo: "No vengas a mí una y otra vez con la misma petición". En realidad, Él dijo que continuaras orando, pero que no utilices repeticiones vanas en tus oraciones.

Y recuerda, no tienes que mantener ningún programa u orar estas oraciones específicas. Ellas son tan solo una guía para apoyarte. Comienza sometiéndote a Dios y pidiéndole a ayuda para que te transformes en el padre o madre intercesor que Él desea que seas. Ora por tu hijo según el Espíritu Santo te dirija, a medida que escuchas sus impulsos en *tu* corazón.

Estoy ansiosa de escuchar sobre las respuestas a tus oraciones.

❖❖❖

ORACIÓN

Señor:

Me someto a ti. Entiendo que el ser padre de un hijo de la forma que tú deseas que yo lo sea, está más allá de mis posibilidades humanas. Sé que necesito tu ayuda. Deseo asociarme contigo y participar de tus dones de sabiduría, discernimiento, revelación, y guianza. También necesito tu fortaleza y paciencia, junto con una generosa porción de tu amor fluyendo a través de mí. Enséñame a amar así como tú amas. Donde yo necesite ser sanado, libertado, cambiado, madurado o hecho nuevo, te invito a que lo hagas en mí. Ayúdame a caminar en justicia e integridad ante ti. Enséñame tus caminos, capacítame a obedecer tus mandamientos y hacer tan solo aquello que te produzca complacencia. Que la belleza de tu Espíritu sea tan evidente en mí, que yo sea un modelo de santidad a seguir. Concédeme la comunicación, enseñanza, habilidades de crianza que preciso tener. Hazme el padre o madre que deseas que sea y enséñame a orar e interceder de verdad por la vida de este niño. Señor, dices en tu Palabra: "Y todo lo que pidieres en oración, creyendo, lo recibiréis" (Mateo 21:22). En el nombre de Jesús te pido que aumentes mi fe para creer y orar por todo lo que tú has puesto en mi corazón, en cuanto a este niño se refiere.

❖❖❖

ARMAS DE GUERRA

No me elegisteis vosotros a mí, sino que yo os
elegí a vosotros, y os he puesto para que vayáis
y llevéis fruto, y vuestro fruto permanezca;
para que todo lo que pidiereis al Padre
en mi nombre él os lo dé.

Juan 15:16

Camina en su integridad el justo; sus hijos
son dichosos después de él.

Proverbios 20:7

Y todo lo que pidiereis al Padre en mi nombre,
lo haré, para que el Padre sea glorificado en el Hijo.
Si algo pidiereis en mi nombre, yo lo haré.

Juan 14:13-14

Y vosotros, padres, no provoquéis a ira
a vuestros hijos, sino criadlos en disciplina
y amonestación del Señor.

Efesios 6:4

Y tomad el yelmo de la salvación, y la espada
del Espíritu, que es la palabra de Dios; orando
en todo tiempo con toda oración y súplica en
el Espíritu, y velando en ello con toda
perseverancia y súplica
por todos los santos.

Efesios 6:17-18

❖ ❖ ❖

Capítulo dos

*Entregar a mi hijo en
las manos de Dios*

*N*o tuve paz con el nacimiento de mi primer hijo, Christopher, porque yo me preocupaba por cualquier razón. Tenía miedo de que alguien lo dejara caer, que se ahogara en la bañadera, que se enfermara de algo mortal, que se me olvidara alimentarlo, de que fuera a ser mordido por un perro, lesionado en un accidente de auto, secuestrado, o perdido. En un acto más de desesperación que de obediencia, clamé a Dios por esto. De inmediato, Él me recordó que Christopher era un don de Él para con nosotros y que Él cuidaba aun más por nuestro hijo que nosotros mismos. Se me recordó la instrucción bíblica de "echa tu ansiedad sobre Él" (1 Pedro 5:7), y así lo hice.

"Señor, mi hijo es la mayor 'ansiedad' que tengo, y yo lo entrego en tus manos. Solo tú puedes criarlo bien y mantenerlo a salvo. Ya no voy a continuar luchando para hacerlo todo por mí misma sino que entraré en sociedad completa contigo."

Desde ese momento en adelante, siempre que sentí temor por algo, lo tomaba de inmediato como una señal para orar hasta que sintiese paz. Si no recibía la paz de inmediato, entonces oraba al respecto con uno o más compañeros de oración, hasta experimentarla. A diario entregaba mi hijo a Dios y le pedía a Él que estuviese en control de su vida. Esto eliminó la presión sobre mí y el ser madre se convirtió en algo más agradable.

A través de los años, he orado este tipo de oración muchas veces por cada uno de mis hijos. Oré así el primer domingo en la mañana que los dejé en el jardín infantil de la iglesia, cuando se quedaban de noche al cuidado de una señora, el día que comenzaron la escuela , las veces que tuve que dejarlos en un salón de cirugía para que el doctor pudiera coserles alguna herida, el primer fin de semana en casa de un amiguito o amiguita, la semana que volaron a Washington D.C. en una gira del colegio, siempre que salían al campamento, la maña-na que mi hijo manejó el auto de la familia por sí solo, y cada vez que juega fútbol.

Recientemente tuve que entregar nuevamente a mi hijo en las manos de Dios, en esta ocasión mientras se iba a la universidad. Durante los meses anteriores al momento monu-mental de la separación, lloré en innumerables ocasiones, porque comprendía que nuestras vidas nunca más serían las mismas. Entonces justo la víspera del gran día, Dios trajo a mi vida las palabras:"Porque con alegría saldréis, y con paz seréis vueltos; los montes y los collados levantarán canción delante de vosotros, y todos los árboles del campo darán palmadas de aplauso" (Isaías 55:12). En añadidura, Él me dio el conocimiento y seguridad de que después del dolor inicial de dejar ir a nuestros hijos, vendría el gozo y la paz, tanto para ellos como para nosotros. Sabemos que sin importar en qué etapa de la vida estén nuestros hijos, cuando los entregamos a Dios, ellos están en *buenas manos*. Sabemos que irán adelante en paz y gozo y que Dios les abrirá caminos. Él hará lo mismo por nosotros también. ¿Qué mayor consuelo existe? A causa de esto, el día que manejamos hasta la universidad para llevar a Christopher a su dormitorio, yo tenía el gozo y la paz que tan solo Dios puede dar, y estaba casi segura que había escuchado a los montes y collados cantar.

Sé que me esperan muchos otros momentos en que tendré que entregar a mis hijos en las manos de Dios. Uno de los mayores será cuando ellos se casen. Siempre que pienso en ello, recuerdo la historia bíblica de Ana que oró a Dios por un hijo. El Señor le respondió y ella dio a luz a Samuel. Después dijo: "Por este niño oraba, y el Señor me ha concedido la petición que le hice. Por lo cual yo también lo he dedicado al Señor; todos los días de su vida, estará dedicado al Señor. Y adoró allí al Señor" (1 Samuel 1:27-28 BdlA).

Ana hizo un trabajo tan minucioso de entregar su hijo al Señor, que cuando Samuel cesó de ser alimentado por el pecho materno, ella lo llevó al templo para que viviera con el sacerdote Elí. Lo hizo para cumplir con un voto que hiciera a Dios referente al niño, así que no te preocupes (o abandones tus esperanzas, según sea el caso); el Señor no te pedirá que dejes tu hijo en la oficina de la iglesia para que el pastor y su esposa lo críen. El punto es que Ana entregó su hijo a Dios y luego hizo como Él le instruyó. El resultado fue que Samuel se volvió uno de los mayores profetas de Dios que el mundo haya conocido.

Nosotros no deseamos limitar la obra de Dios en nuestros hijos, aferrándolos a nosotros y pretendiendo ejercer el papel de padres sin su ayuda. Si no estamos seguros de que Dios está en control de las vidas de nuestros hijos, seremos gobernados por el temor. Y la única forma de estar seguros de ello, es entregando nuestras riendas y dejando que Él tenga pleno acceso a sus vidas. La manera de hacerlo es vivir de acuerdo a su Palabra y sus caminos y llevar ante Él, todo en oración. Podemos confiar en que Dios tendrá cuidado de nuestros hijos incluso mejor que nosotros. Cuando entregamos a nuestros hijos en las manos del Padre y reconocemos que Él está en control de sus vidas y las nuestras, tanto ellos como nosotros, disfrutaremos de mayor paz.

No podemos estar en todas partes; pero Dios sí. No podemos verlo todo; pero Él sí. No podemos saberlo todo; pero Dios puede. Sin tener en cuenta la edad de nuestros hijos, dejarlos en las manos de Dios es una señal de fe y confianza en Él y es el primer paso hacia establecer una diferencia en sus vidas. Las oraciones por nuestros hijos comienzan allí.

❖ ❖ ❖

ORACIÓN

Señor:

Vengo a ti en el nombre de Jesús y te entrego a (nombre del niño). Estoy convencida de que solo tú conoces lo que es mejor para él (ella). Sólo tú sabes lo que él (ella) necesita. Lo entrego a ti para que le cuides y protejas, y me comprometo a orar por todo lo concerniente a él (ella) que se me ocurra o que tú coloques en mi corazón. Enséñame a orar y guíame en ello. Ayúdame a no imponer mi *propia* voluntad cuando esté orando por él (ella), sino más bien capacítame para suplicar que *tu* voluntad sea hecha en su vida.

Gracias por permitirme compartir contigo la crianza de él (ella), y así no tener que hacerlo sola. Estoy agradecida de no tener que descansar en los métodos no confiables y siempre cambiantes del mundo, para la educación del niño(a), sino que cuento con direcciones claras de tu Palabra y sabiduría, mientras clamo a ti en busca de respuestas.

Gracias, Señor, por el precioso regalo de este niño, porque tu Palabra dice que toda buena dádiva viene de ti. Yo sé que tú me lo has dado, para que yo lo críe y cuide. Ayúdame a hacerlo. Muéstrame áreas donde yo continúo reteniéndolo y ayúdame a entregarlo a tu protección, dirección y consejo. Ayúdame a no vivir en temor de posibles peligros, sino en el gozo y paz de saber que tú estás en control. Yo descanso en ti para todo, y en este día te confío a mi hijo y lo deposito en tus manos.

ARMAS DE GUERRA

Pues si vosotros, siendo malos, sabéis dar buenas
dádivas a vuestros hijos, ¿cuánto más vuestro
Padre que está en los cielos dará buenas
cosas a los que le pidan?

Mateo 7:11

Mas la misericordia del Señor es desde la eternidad
y hasta la eternidad, para los que le temen, y su justicia
para los hijos de los hijos, para los que guardan su pacto
y se acuerdan de sus preceptos para cumplirlos.

Salmo 103:17-18 (BdlA)

No trabajarán en vano, ni darán a luz para desgracia,
porque son la simiente de los benditos del Señor,
ellos, y sus vástagos con ellos.

Isaías 65:23 (BdlA)

He aquí don del Señor son los hijos;
y recompensa el fruto del vientre.

Salmo 127:3 (BdlA)

Y cualquiera cosa que pidiéremos la recibiremos
de él, porque guardamos sus mandamientos,
y hacemos las cosas que son agradables
delante de él.

1 Juan 3:22

Capítulo TRES

Garantizar protección del mal

A menudo nuestras oraciones más urgentes y fervientes en relación a nuestros hijos, tienen que ver con su protección. Es difícil pensar en otros aspectos de sus vidas, si estamos enfermos de preocupación por su seguridad personal. ¿Cómo podremos orar por acontecimientos venideros cuando nos preocupa incluso si tendrán un futuro?

Por vivir en Los Angeles, durante los primeros siete años de la vida de mi hijo, y los primeros doce de mi hija, yo tenía buenos motivos para temer por la seguridad de ambos. El crimen se incrementaba durante ese período e incluso nuestro "buen" vecindario no tenía protección contra ello. Así que yo oraba por el amparo de Dios a diario. En realidad, comencé a interceder por la seguridad de mis hijos incluso *antes* de ellos nacer, clamando por asuntos tales como muerte en la cuna y enfermedades infantiles.

A medida que crecían, oré porque fueran librados de la violencia, ataques sexuales, y accidentes. Intercedía a solas, con mi esposo, y con mis compañeras de oración:

Guárdalos como a la niña de tus ojos; escóndelos bajo la sombra de tus alas, de la vista de los malos que los oprimen, de sus enemigos que buscan su vida.

Salmo 17:8-9

Ambos niños sufrieron su porción de rasponazos menores, cortaduras y lesiones comunes a los niños, incluyendo un par que requirieron salones de emergencias y puntos. Sin embargo, nada realmente considerable y mucho menos algún daño permanente sucedió a ellos. Esto fue hasta que mi hijo estuvo involucrado en el accidente automovilístico, que él narró en el prólogo de este libro.

Poco después de cumplir Christopher los quince años de edad, y Amanda de diez años, partieron una mañana en el auto que los llevarían al colegio de cada uno; y recibí la llamada que todo padre teme.

—Señora Omartian, su hijo está bien, pero él ha estado involucrado en un serio accidente automovilístico y se encuentra en el salón de emergencia. Fue casi un choque de frente y ninguno de los tres muchachos en el automóvil estaba usando cinturones de seguridad.

Camino al hospital, mi esposo y yo oramos por los tres muchachos. Mientras lo hacíamos, recordaba las veces que habíamos puesto las manos sobre Christopher y oramos para que fuera protegido de accidentes de automóvil. Recordé la Escritura que a menudo citábamos sobre él:

Pues a sus ángeles mandará acerca de ti, que te guarden en todos tus caminos. En las manos te llevarán, para que tu pie no tropiece en piedra.

Salmo 91:11,12

Dios contesta oraciones y sus promesas son ciertas. Yo sabía eso. Si Christopher había estado en un accidente automovilístico, Dios y sus ángeles tuvieron que estar allí para protegerlo. También, recordé lo que la Biblia dice sobre el hombre justo que teme a Dios: "No tendrá temor de malas noticias; su corazón está firme, confiado en el Señor" (Salmo 112:7 BdlA). Comencé a sentir la paz de Dios que sobrepasa todo entendimiento.

Cuando llegamos al hospital, supimos que Christopher se encontraba en el asiento trasero del automóvil con una gran bolsa sobre sus piernas, que contenía uniformes de fútbol. Eso lo protegió del impacto contra la parte trasera del asiento delantero, y como resultado sufrió solo dolor en la espalda y se lastimó una rodilla. El muchacho que iba en el asiento delantero del pasajero, fue lanzado, atravesó el parabrisas y estaba seriamente lesionado. El conductor se impactó contra el timón y tenía lacerado el rostro. El auto fue destruido por completo.

Ninguno de los padres podíamos creer que después de todas las serias conversaciones que habíamos tenido con nuestros hijos sobre la importancia de usar cinturones de seguridad, aún hicieran caso omiso. Si hubieran obedecido las reglas, quizás no habrían sido lesionados en lo absoluto. Pero las buenas noticias eran que si nosotros no hubiéramos estado orando, ellos podrían haber muerto o sufrido lesiones serias y permanentes. Todos *nosotros* supimos que nuestros hijos habían sido librados a causa de las oraciones en el nombre de Jesús a favor de ellos, y estábamos agradecidos a Dios.

Ser padres que oran no significa que jamás algo malo sucederá a nuestros hijos o que ellos nunca experimentarán dolor. Ellos *lo experimentarán*, porque el dolor es parte de la vida en este mundo caído. Pero la Biblia nos asegura que nuestras oraciones juegan un papel vital, para mantenerlos alejados de los problemas. Y cuando algo doloroso sucede, ellos estarán protegidos en medio de esto, de modo que la situación se torne beneficiosa y no obre para su destrucción.

Aquí es donde la Palabra de Dios desempeña nuevamente, un papel vital en tus oraciones y paz. Yo no podría ni estimar el número de veces que oré por mi protección y la de mi familia, mientras vivía en Los Ángeles. Cada vez que imploraba a Dios que nos protegiera de la violencia que había a nuestro alrededor, yo citaba estas Escrituras:

El que me libra de mis enemigos, y aun me eleva sobre los que se levantan contra mí; me libraste de varón violento

Salmo 18:48

Bendito sea el Señor, porque ha hecho maravillosa su misericordia para mí en ciudad asediada.

Salmo 31:21 BdlA

Los terremotos eran otra gran preocupación en California. Yo oraba por ellos todo el tiempo, pero especialmente en las noches, antes de ir a la cama. Cada terremoto catastrófico que he experimentado, me ha sacudido despertándome de un sueño profundo. Cuando eso sucede, uno se despierta de momento en completa obscuridad, todo alrededor se mueve y un ruido ensordecedor más temible que el trueno cobra fuerza en los oídos. Basta que lo experimentes una vez, para que se quede grabado en tu memoria para siempre. Yo nunca fui a la cama sin pensar en los terremotos y orar por toda mi familia, y siempre citaba:

Dios es nuestro amparo y fortaleza, nuestro pronto auxilio en las tribulaciones. Por tanto, no temeremos, aunque la tierra sea removida, y se traspasen los montes al corazón del mar; aunque bramen y se turben sus aguas y tiemblen los montes a causa de su braveza.

Salmo 46:1-3

Aunque esa Escritura promete seguridad en *medio* de los problemas, yo en realidad pedía más que eso: "Señor, oro para que no se produzca un terremoto. Pero si hay uno, te ruego que nosotros no estemos aquí. Aún así, Señor, si es tu voluntad que estemos aquí, clamo por tu protección".

Considero que Dios contestó esa oración, cuando nos mudamos de Northridge antes que el terremoto golpeara esa área, el 17 de enero de 1994. Unos meses después, cuando mis hijos y yo caminábamos por las ruinas, nos quedamos horrorizados por la cantidad de daños sufridos en el área. La casa que había sido nuestra, fue destruida. Pero nos quedamos más sorprendidos por la forma en que Dios nos había rescatado y cómo su mano estaba sobre nosotros en respuesta a la oración.

Si hubiéramos estado allí durante el terremoto, estoy segura de que Dios nos habría protegido en medio de él, así como milagrosamente lo hizo con tantos otros. Los desastres pueden ocurrir en cualquier lugar. La cuestión es orar y confiar en Dios por la respuesta.

Cuando oramos suceden eventos, que no acontecerían de no orar. ¿Qué puede o no puede ocurrirle a nuestros hijos, si no oramos hoy? No esperemos para averiguarlo. Arrodillémonos ahora mismo.

❖❖❖

ORACION

Señor:

Yo levanto a (nombre del niño) a ti y te pido que pongas un cerco de protección alrededor de ella (él). Protege su espíritu, cuerpo, mente y emociones de cualquier mal o daño. Clamo en específico por protección de accidentes, enfermedades, lesiones, o cualquier otro abuso físico, mental o emocional. Te ruego que ella (él) haga su refugio "en la sombra de tus alas" "...hasta que pasen los quebrantos" (Salmo 57:1). Guárdala(o) de cualquier mala influencia que pueda venir contra ella (él). Manténla(o) a salvo de cualquier peligro escondido y no dejes que ningún arma forjada contra ella (él) pueda prosperar. Gracias, Señor, por tus promesas de protección. Ayúdala(o) a caminar en tus caminos y en obediencia a tu voluntad para que nunca salga de tu amparo. Manténla(o) a salvo en todo lo que haga y dondequiera que vaya. Oro en el nombre de Jesús.

❖❖❖

ARMAS DE GUERRA

El que habita al abrigo del Altísimo morará a la sombra del Omnipotente. Diré yo al Señor: Refugio mío y fortaleza mía, mi Dios, en quien confío.

Salmo 91:1-2 (BdlA)

Cuando pases por las aguas, yo estaré contigo; y si por los ríos, no te anegarán. Cuando pases por el fuego, no te quemarás, ni la llama arderá en ti.

Isaías 43:2

Ningún arma forjada contra ti prosperará, y condenarás toda lengua que se alce contra ti en juicio. Esta es la herencia de los siervos del Señor, y su justificación viene de mí —declara el Señor.

Isaías 54:17 (BdlA)

Porque has puesto al Señor, que es mi refugio, al Altísimo, por tu habitación. No te sucederá ningún mal, ni plaga se acercará a tu morada.

Salmo 91:9-10 (BdlA)

En paz me acostaré, y así también dormiré; porque sólo tú Señor, me haces habitar seguro.

Salmo 4:8 (BdlA)

❖ ❖ ❖

Capítulo CUATRO

Experimentar amor y aceptación

$\mathcal{A}$lgo difícil con lo que los niños tienen que lidiar es con las mentiras que vienen a sus mentes enmascaradas como verdad: "Nadie me quiere", "No soy aceptado(a)", "No soy apreciado(a)", "No soy atractivo(a)", "No soy lo suficiente bueno(a)", "Estoy muy gordo(a)", "muy flaco(a)", "muy alto(a)", "muy bajo(a)", "muy tonto(a)", "muy inteligente", "muy de todo". Estas mentiras escalan mientras los hijos van hacia los años de la adolescencia y a menudo les alcanzan hasta la edad adulta. Es por eso que estoy convencida de que nunca es muy temprano para comenzar a orar por un niño para que se sienta amado y aceptado, primero por Dios, luego por su familia, amigos y demás. Podemos comenzar cuando son bebés, o a cualquier edad que tenga tu hijo en este momento y orar por estos asuntos en el transcurso de sus vidas.

Lo opuesto a ser amado y aceptado es ser rechazado, algo que todos hemos experimentado en algún momento de nuestras vidas. ¿Quién de nosotros nunca ha sentido vergüenza, humillación, fracaso, culpa, o la desaprobación de alguien por algo que hemos hecho? Ya sea por un miembro de la familia, amistad o un perfecto extraño, el rechazo toca a todas las puertas. En algunas personas no se produce un efecto devastador por lo anterior, porque ellos saben en lo profundo de su ser que son aceptados. Otros, sin embargo, pueden llevar heridas emocionales profundas por experimentar el desprecio en repetidas ocasiones, así que de percibir cualquier falta de aceptación, su personalidad puede transformarse en algo sombrío. Por eso es que el rechazo está a la raíz de tanto mal que leemos en los periódicos a diario. Un obrero rechazado regresa a su antiguo lugar de empleo y le dispara a su jefe y compañeros. Un esposo repudiado golpea o asesina a su esposa. Una madre que ha sido desestimada por otros abusa de su hijo. El rechazo resalta lo peor de las personas. El amor y la aceptación hacen resaltar lo mejor. Una persona que ya se siente desdeñada interpreta todo como rechazo, una simple mirada, unas palabras inofensivas, una acción insignificante. Alguien que se siente amado y aceptado no piensa mal de la misma mirada, palabra o acción. Puede que la persona *no* sea rechazada, pero si él (ella) *cree* serlo, el efecto es tan malo como si lo fuese realmente.

El amor de Dios, sin embargo, puede cambiarlo todo. Saber lo que Dios nos ama y nos acepta, cambia nuestras vidas. Él dice: "Te escogí, y no te deseché". "Con amor eterno te he amado." (Jeremías 31:3). Y Él prueba su amor porque "Dios muestra su amor para con nosotros, en que siendo aún pecadores, Cristo murió por nosotros" (Romanos 5:8). Además, la Biblia nos asegura que "...ni la muerte, ni la vida, ni ángeles, ni principados, ni potestades, ni lo presente, ni lo por venir, ni lo alto, ni lo profundo, ni ninguna otra cosa creada nos podrá separar del amor de Dios, que es en Cristo Jesús Señor nuestro" (Romanos 8:38-39).

Tenemos que orar para que nuestros hijos comprendan estas verdades; éstas son el terreno sólido sobre el cual se establecen el amor y la aceptación, en su carácter.

Aunque el amor de Dios es lo más importante en la vida de cualquier persona, el amor de los padres (o falta del mismo) se percibe y se siente primero. Es el primer amor que un niño experimenta y que él (ella) comprende. De hecho, el amor paternal es a menudo el medio por el cual los niños se abren al amor de Dios y vienen a comprenderlo a tempranas edades. Por eso es que desde el momento en que nuestros hijos nacen debemos orar: "Dios ayúdame a amar de verdad a mi hijo de la forma en que tú deseas y enséñame a demostrarlo de forma que él (ella) pueda comprenderlo". Sin embargo, si tu hijo(a) es ya mayor y comprendes que por una razón u otra él (ella) no se siente amado, puedes comenzar ahora mismo a pedir a Dios, que con su amor penetre su corazón y lo abra para que reciba *tu* amor y el de los demás.

Pídele a Dios que te muestre qué puedes hacer para comunicar el amor a tu hijo(a), y no escuches al diablo que pretende aplastarte con culpas por los fracasos pasados. Tú conoces sus tácticas:

"Tu hijo no se siente amado porque tú eres un padre o una madre terrible".

"Si tu no fueras tan disfuncional, hubieras podido comunicarle amor a tu hijo(a)".

"Nadie te amó jamás. Entonces, ¿cómo puedes amar a alguien?"

Estas son mentiras del infierno y parte del plan de Satanás para la vida de tu hijo.

Si eres atormentada por la culpa o sentimientos de fracaso en esta área, confiesa tus pensamientos a Dios, ora al respecto, deposita todo en manos de Dios, y luego párate y proclama la verdad. Di: "Dios ama a mi hijo(a). Yo amo a mi hijo(a). Otras personas aman a mi hijo(a). Si mi hijo(a) no se siente amado(a) es porque cree las mentiras del enemigo. Nosotros rehusamos vivir de acuerdo a las mentiras de Satanás". Aunque tengas que insistir un tiempo en ello, no dejes de resistir a las mentiras del diablo, hablando la verdad de Dios. Entonces ora para que el amor del Señor penetre el corazón de tu hijo(a), y tu amor sea percibido y aceptado.

Además de la oración, los niños necesitan ver el amor manifestado hacia ellos con el contacto visual, el toque físico (una palmadita, un abrazo, un beso), y con acciones de amor, hechos y palabras. He descubierto que cuando hago un esfuerzo deliberado de mirar a mis hijos a los ojos, tocarles suavemente con mis manos y decirles con una sonrisa: "Te quiero y pienso que eres estupendo", *siempre* puedo ver una cambio notable y de inmediato, en sus rostros y ademanes. Inténtalo y verás a qué me refiero. Puedes sentirte rara al principio, si es que nunca lo has hecho, o si tu hijo es mayor o incluso un adulto, pero prosigue y realízalo de todas formas. Si te sientes dudosa, ora para que Dios te dé la capacidad para ejecutarlo y que sea bien recibido.

Si sientes que no tienes el amor que necesitas para dárselo a tu hijo(a), pídeselo al Espíritu Santo. La Biblia dice, "...El amor de Dios ha sido derramado en nuestros corazones por el Espíritu Santo que nos fue dado" (Romanos 5:5). Uno de los principales propósitos para tu vida es llenarte con mucho de su amor, para que puedas derramarlo sobre otros. El orar por tu hijo(a) no será tan solo una señal de amor en tu corazón, puede también ser el medio principal que cause que ese amor se multiplique hasta desbordarse.

❖❖❖

ORACIÓN

Señor:

Oro por (nombre del niño) para que se sienta amado(a) y aceptado(a). Penetra en su corazón con tu amor ahora mismo y ayúdale a comprender totalmente cuánto puede alcanzar este amor y lo completo que es. Tu Palabra dice que tú nos amas tanto, que enviaste a tu Único Hijo a morir por nosotros (Juan 3:16). Líbralo(a) de toda mentira del enemigo que haya podido ser plantada en su mente provocándole dudas. Jesús dijo: "Como el Padre me ha amado, así también yo os he amado; permaneced en mi amor" (Juan 15:9). Señor, ayuda a (nombre del niño) a morar en tu amor. Que él (ella) pueda decir como David: "Hazme oír por la mañana tus misericordias, porque en ti he confiado..." (Salmo 143:8). Manifiesta tu amor a este niño(a) de manera real en el día de hoy y ayúdale a recibirlo.

También clamo para que me ayudes a amar a este(a) hijo(a) de forma incondicional, como tú lo haces, y capacítame para mostrárselo de manera que él (ella) pueda percibirlo. Revélame cómo puedo demostrar y modelar tu amor a él (ella) para que pueda ser comprendido con claridad. Yo oro para que todos los miembros de mi familia le amen y acepten, y que él (ella) pueda hallar favor con otras personas también. Que cada día que pase, él (ella) crezca confiado de ser amado y aceptado, y otórgale así, la capacidad de *comunicar* con facilidad el amor a los demás. Capacítalo(a) para que alcance a otros en amor, de forma apropiada. A medida que él (ella) llegue a

comprender por completo la profundidad de tu amor
por él (ella) y y lo reciba en su alma, hazle un canal
por medio del cual ese amor fluya hacia otros. En el
nombre de Jesús, oro.

ARMAS DE GUERRA

En esto se mostró el amor de Dios para con nosotros,
en que Dios envió a su Hijo unigénito al mundo,
para que vivamos por él. En esto consiste el amor:
no en que nosotros hayamos amado a Dios, sino
en que él nos amó a nosotros, y envió a su Hijo
en propiciación por nuestros pecados.

1 Juan 4:9-11

Porque tú eres pueblo santo para el Señor tu Dios;
el Señor tu Dios te ha escogido para ser pueblo
suyo de entre todos los pueblos que están
sobre la faz de la tierra.

Deuteronomio 7:6 (BdlA)

Y nosotros hemos conocido y creído el amor que
Dios tiene para con nosotros. Dios es amor; y el
que permanece en amor, permanece
en Dios, y Dios en él.

1 Juan 4:16

Pero nosotros debemos dar siempre gracias a Dios
respecto a vosotros, hermanos amados por el Señor,
de que Dios os haya escogido desde el principio
para salvación, mediante la santificación
por el Espíritu y la fe en la verdad.

2 Tesalonicenses 2:13

Bendito sea el Dios y Padre de nuestro Señor Jesucristo,
que nos bendijo con toda bendición espiritual en
los lugares celestiales en Cristo, según nos escogió
en él antes de la fundación del mundo, para que
fuésemos santos y sin mancha delante de él,
en amor habiéndonos predestinado para ser
adoptados hijos suyos por medio de Jesucristo,
según el puro afecto de su voluntad, para
alabanza de la gloria de su gracia, con
la cual nos hizo aceptos en el amado.

Efesios 1:3-6

❖ ❖ ❖

Capítulo cinco

Establecer un futuro
eterno

Sobre todas las cosas, deseamos que nuestros hijos vengan a la comprensión de quién es Dios en realidad, y a conocer a Jesús como su Salvador. Cuando eso sucede, sabemos que su futuro eterno está asegurado; que cuando ellos mueran, les veremos de nuevo en el cielo. ¡Qué maravillosa esperanza!

Debby Boone y su esposo Gabri, quienes participaron en algunos de los grupos de "Intercediendo por la vida de tus hijos", me pidieron que escribiera una canción para uno de los discos de Debby, que ella pudiera interpretar como himno del corazón para sus hijos. Yo escribí el siguiente texto para una canción titulada "Above All Else" (Sobre todas las cosas), a la cual mi esposo le puso música. Debby la grabó y ahora la canta en sus conciertos. Estas palabras, pienso, resumen lo que está en el corazón de todo padre creyente.

Tanto que decir y tan solo el tiempo que queda de
* vida para hacerlo.*
Qué rápido pasa el tiempo.

Si pudiera hacer las cosas a mi manera, te mantendría a salvo entre mis brazos mientras que la tormenta de la vida azota.
No siempre estaré contigo, mi hijo, pero te puedo ofrecer palabras.
Cuando los vientos de esperanza estén muriendo, estas palabras vivirán.
Sobre todas las cosas, sé consciente de que Dios es el que nunca te dejará.
Miralo a Él sobre todas las cosas.
Él es el amor del que puedes depender, un corazón dispuesto a cuidarte.
Si en la noche más oscura te encuentras perdido, allí Él estará.
Él es el Padre eterno,
En sus manos nunca caerás.
Él es quien sostiene todo,
Sobre todas las cosas.
Él es el autor de tu risa,
Él es el que guarda tus lágrimas,
Él es a quien debes temer
Sobre todas las cosas.
El es el Dador del reino
Adquirido para ti desde el principio,
Y Él te pedirá tu corazón
Sobre todas las cosas.

Tanto que decir
Y no hay tiempo suficiente para decirlo.
Tan solo ama al Señor
Sobre todas las cosas.

Mi hijo y mi hija tomaron la decisión de recibir a Jesús en sus vidas cuando tenían alrededor de cinco años de edad. Nosotros les habíamos enseñado sobre Dios, les leíamos historias bíblicas, orábamos con ellos a diario, y los llevábamos con regularidad a la iglesia, donde recibían instrucciones acerca del Señor. Ellos estaban muy expuestos a la idea de recibir a Jesús, pero nunca los forzamos o les pedimos que tomaran una decisión. En cambio, oramos para que lo que ellos aprendieran penetrara en sus corazones y les provocara el deseo de tener una relación más cercana con Dios. Nosotros deseábamos que esa decisión saliera de sus corazones y que fuera tomada espontáneamente. Cuando llegó ese momento, cada niño comenzó una conversación con nosotros indagando sobre Jesús y la finalizó deseando que oráramos con ellos para recibirlo a Él como Salvador. Mi esposo y yo tenemos una gran paz, sabiendo que el futuro eterno de nuestros hijos está asegurado y lleno de gozo.

No importa la edad de tus hijos, nunca es demasiado temprano o tarde para comenzar a orar por su salvación. Jesús dijo: "De cierto, de cierto te digo, que el que no naciere de nuevo, no puede ver el reino de Dios" (Juan 3:3). También dijo: "He aquí yo estoy a la puerta y llamo; si alguno oye mi voz y abre la puerta, entraré a él, y cenaré con él, y él conmigo" (Apocalipsis 3:20). Nosotros deseamos que nuestros hijos abran la puerta de sus corazones a Jesús y experimenten el reino de Dios, tanto en esta vida como en la venidera. Recuerda, si tú no oras por el futuro eterno de tus hijos, puede que ellos no tengan la clase de futuro que deseas para ellos.

Una vez que nuestros hijos han recibido al Señor, tenemos que continuar orando por su relación con Él. ¿Cuántas veces hemos escuchado de niños que caminaban con Dios en su infancia, pero se alejaron de Él en sus años de adolescentes o adultos? Anhelamos que nuestros hijos estén siempre "llenos del conocimiento de su voluntad en toda sabiduría e inteligencia espiritual" y que "anden como es digno del Señor, agradándole en todo, llevando fruto en toda buena obra, y creciendo en el conocimiento de Dios" (Colosenses 1:9-10). Pablo y Timoteo clamaron así, por los hijos de Dios en Colosas, y nosotros debemos hacerlo por nuestros hijos. Siempre hay más y más de la vida del Señor para cada uno de nosotros a la que podemos tener acceso y experimentar. Que el Señor derrame su Espíritu sobre nuestros hijos, debe ser motivo perenne de oración.

❖❖❖

ORACIÓN

 Señor:

Yo traigo a (nombre del niño) delante de ti y te pido que tú le ayudes a crecer en una profunda comprensión de quién eres. Abre su corazón y tráele a un conocimiento completo de la verdad sobre ti. Señor, has dicho en tu Palabra: "Que si confesares con tu boca que Jesús es el Señor, y creyeres en tu corazón que Dios le levantó de los muertos, serás salvo" (Romanos 10:9). Yo oro por ese tipo de fe para mi hijo(a). Que él(ella) te pueda llamar a ti su Salvador, sea lleno(a) de tu Espíritu Santo, te reconozca en todas las áreas de su vida, y siempre escoja seguirte a ti y tus caminos. Ayúdale a creer totalmente que Jesús entregó su vida por él(ella) para que pudiera tener ahora vida abundante y eterna. Ayúdale a comprender la plenitud de tu perdón, para que no viva en culpa y condenación.

Oro para que él(ella) viva una vida fructífera, aun aumentada en el conocimiento de ti. Que siempre conozca tu voluntad, tenga comprensión espiritual, y camine de forma que te agrade. Tú has dicho en tu Palabra que derramarás de tu Espíritu en mi descendencia (Isaías 44:3). Oro para que tú derrames tu Espíritu sobre (nombre del niño) en este día.

Gracias, Señor, que tú cuidas de su futuro eterno aún más que yo y que está seguro en ti. En el nombre de Jesús yo suplico que ella (él) no dude o se desvíe del camino que tú le tienes trazado todos los días de su vida.

ARMAS DE GUERRA

Y esta es la voluntad del que me ha enviado:
Que todo aquel que ve al Hijo y cree en él,
tenga vida eterna; y yo le resucitaré
en el día postrero.

Juan 6:40

Porque esto es bueno y agradable delante de Dios
nuestro Salvador, el cual quiere que todos
los hombres sean salvos y vengan
al conocimiento de la verdad.

1 Timoteo 2:3-4

Pero sabemos que el Hijo de Dios ha venido,
y nos ha dado entendimiento para conocer
al que es verdadero; y estamos en el verdadero,
en su Hijo Jesucristo. Este es el verdadero
Dios, y la vida eterna.

1 Juan 5:20

Y este es el testimonio: que Dios nos ha dado
vida eterna; y esta vida está en su Hijo.

1 Juan 5:11

Y yo rogaré al Padre, y os dará otro Consolador,
para que esté con vosotros para siempre;
el Espíritu de verdad, al cual el mundo no puede
recibir, porque no le ve, ni le conoce; pero vosotros
le conocéis, porque mora con vosotros,
y estará en vosotros.

Juan 14: 16-17

❖ ❖ ❖

Capítulo seis

Honrar a los padres y resistir la rebelión

*P*arece extraño el *requerirle* a alguien que nos honre, ¿cierto? Si fuera honor en realidad, ¿no deberían hacerlo si tener que mencionarlo? Bueno, esto podría ser cierto en cuanto a otras personas en nuestras vidas, pero no se aplica a nuestros hijos. Ellos tienen que ser enseñados.

La Biblia dice: "Hijos, obedeced en el Señor a vuestros padres, porque esto es justo. Honra a tu padre y a tu madre, que es el primer mandamiento con promesa; para que te vaya bien, y seas de larga vida sobre la tierra" (Efesios 6:1-3). Si nuestros hijos desobedecen este mandamiento del Señor, no solo pueden ser privados de todo lo que Dios tiene para ellos, sino sus vidas pueden ser cortadas también. La Biblia también dice: "Al que maldice a su padre o a su madre, se le apagará su lámpara en oscuridad tenebrosa" (Proverbios 20:20). El hecho de que nosotros podamos influir en la duración y calidad de las vidas de nuestros hijos es razón suficiente para orar, instruirlos y disciplinarlos. Unido a ello, tenemos que reconocer y resistir cualquier rebelión que amenace entrar en sus mentes y les incite a obrar diferente a lo ordenado por Dios.

La rebelión es en realidad orgullo puesto en acción. Los pensamientos rebeldes dicen: "Yo voy a hacer lo que deseo, no importa lo que Dios o cualquier otra persona diga sobre el asunto". La Biblia dice: "porque como pecado de adivinación es la rebelión..." (1 Samuel 15:23), porque su fin es una oposición total a Dios. Ese mismo verso también dice que "como ídolos e idolatría la obstinación". El orgullo nos involucra en rebelión, pero la obstinación es lo que nos *mantiene* allí. Cualquiera que camina en rebelión tiene el ídolo de la obstinación en su vida. Que los hijos no honren a su padre o su madre, es a menudo el primer indicio de que los ídolos en su corazón, sin importar la edad, son orgullo y egoísmo. Por eso es que los hijos que no se enseñan a obedecer a su padres, se vuelven rebeldes. Ellos dicen: "Yo quiero lo que quiero cuando lo quiero".

> *¡Ay de los hijos rebeldes —declara el Señor— que ejecutan planes, pero no los míos, y hacen alianza, pero no según mi Espíritu, para añadir pecado sobre pecado!*

> Isaías 30:1 BdlA

Identificar y destruir los ídolos del orgullo y egoísmo por medio de la oración, puede con frecuencia ser la clave para quebrantar la rebelión de un hijo.

Lo opuesto a la rebelión es la obediencia, o caminar de acuerdo a la voluntad de Dios. La obediencia trae gran seguridad y la confianza de saber que estás donde debes, haciendo lo que es correcto. La Biblia promete que si somos obedientes seremos bendecidos, pero si no, moraremos en oscuridad y seremos destruidos. No deseamos eso para nuestros hijos. Nuestro anhelo es que caminen en obediencia para que tengan confianza, seguridad, larga vida y paz. Uno de los primeros pasos de la obediencia para los hijos, es el obedecer y honrar a sus padres. Esto es algo que se le debe enseñar al niño, pero la enseñanza se vuelve más fácil cuando la oración pavimenta el camino.

Cuando mi hijo cumplió catorce años de edad, él cubrió las paredes de su cuarto con carteles de los músicos que más admiraba. El problema era que en algunas de las fotografías, tanto el atuendo como la música representados, eran ofensivos a su padre y a mí y no glorificaban a Dios. Cuando le pedimos a Christopher que quitara esos carteles en particular y le explicamos la razón, se negó rotundamente, y luego con espíritu poco humilde hizo lo que le pedimos. Sin embargo, poco tiempo después, los reemplazó con otros nuevos que eran tan malos como los anteriores. Lo confrontamos nuevamente, tomamos las medidas disciplinarias apropiadas y en esta ocasión fuimos *nosotros los que* quitamos *todos* los cartelones.

Christopher no estaba contento, y reconocimos que lidiábamos con las primeras manifestaciones de un espíritu de rebelión. Así que decidimos hacer como dice la Biblia: "Vestíos de toda la armadura de Dios, para que podáis estar firmes contra las asechanzas del diablo" (Efesios 6:11). Oramos, empleamos la Palabra de Dios, y confesamos nuestra fe en la habilidad de Dios para hacernos vencedores. Tuvimos guerra en el Espíritu y fuimos testigos de la paz de Dios tomando control de la situación. La actitud de nuestro hijo cambió y la próxima vez que puso carteles en su cuarto, cumplían los requisitos que nosotros como padres habíamos establecido. Esto fue el poder de Dios en acción, del cual se beneficiaron padres que oran.

Los carteles en la pared parecen ser ahora un asunto insignificante, pero en aquel momento estábamos lidiando con una voluntad fuerte que se exaltaba a sí misma sobre los padres y Dios. Al resistir esa manifestación de rebelión, pudimos detenerla antes de que se convirtiera en algo mayor.

Estábamos determinados a vencer la batalla, seguros de tener a Dios y su Palabra de nuestro lado y porque algo eterno estaba en juego por nuestro hijo.

Si tu hijo es mayor, adolescente o incluso adulto, y la rebelión ya es claramente manifiesta en su comportamiento, la disciplina y enseñanza serán más difíciles, pero aún tienes el poder de la oración. Recuerda, tu batalla no es con tu hijo o hija.

"Porque no tenemos lucha contra sangre y carne, sino contra principados, contra potestades, contra los gobernadores de las tinieblas de este siglo, contra huestes espirituales de maldad en las regiones celestes" (Efesios 6:12). Tu lucha es contra el enemigo. La buena noticia es que Jesús te ha dado autoridad "sobre toda fuerza del enemigo" (Lucas 10:19). No tengas temor de tomar ventaja de ello.

La rebelión surgirá en tu hijo en un momento u otro. Estáte listo para enfrentarte al reto con oración y la Palabra de Dios, unido a la corrección, disciplina y enseñanza. No te dejes intimidar por el espíritu de rebelión. Jesús es Señor sobre eso también.

❖ ❖ ❖

ORACIÓN

Señor:

Oro para que tú le des a (nombre del niño) un corazón que desee obedecerte. Pon en él (ella) un deseo de pasar tiempo contigo, en tu Palabra y en oración, escuchando tu voz. Haz brillar tu luz sobre cualquier secreto o rebelión encubierto que estén enraizándose en su corazón, para que puedan ser identificados y destruidos. Señor, yo oro para que él (ella) no se entregue al orgullo, egoísmo, y rebelión, sino que sea librado de esto. Por la autoridad que Tú me has dado en el nombre de Jesús, yo me "opongo a las acechanzas del diablo" y resisto la idolatría, rebelión, obstinación, y falta de respeto; no tendrán parte en la vida de mi hijo (hija), ni él (ella) caminará el camino de destrucción y muerte por su causa.

Tu Palabra instruye: "Hijos, obedeced a vuestros padres en todo, porque esto agrada al Señor" (Colosenses 3:20). Clamo para que tú vuelvas el corazón de este hijo hacia sus padres y le capacites para honrarlos y obedecerlos, para que su vida sea larga y buena. Cambia su corazón hacia ti para que lo que él (ella) haga sea agradable a tu vista. Que aprenda a identificar y enfrentarse al orgullo y la rebelión en su interior y que esté dispuesto a confesar y arrepentirse de ello. Hazle sentir incómodo(a) con el pecado. Ayúdale a conocer la belleza y sencillez de caminar con un espíritu dulce y humilde, en obediencia y sumisión a ti.

ARMAS DE GUERRA

Si queréis y obedecéis, comeréis lo mejor de
la tierra; pero si rehusáis y os rebeláis, por
la espada seréis devorados. Ciertamente,
la boca del Señor ha hablado.

Isaías 1:19-20 (BdlA)

Moradores de tinieblas y de sombra de muerte,
prisioneros en miseria y en cadenas, porque fueron
rebeldes a las palabras de Dios y despreciaron
el consejo del Altísimo; humilló pues,
sus corazones con trabajos, tropezaron y
no hubo quien los socorriera.

Salmo 107:10-12 (BdlA)

El ojo que escarnece a su padre y menosprecia
la enseñanza de la madre, los cuervos de la cañada
lo saquen, y lo devoren los hijos del águila.

Proverbios 30:17

Oye, hijo mío, la instrucción de tu padre, y no
desprecies la dirección de tu madre; porque
adorno de gracia serán a tu cabeza,
y collares a tu cuello.

Proverbios 1:8-9

Pero te provocaron a ira, y se rebelaron contra ti,...
Entonces los entregaste en mano de sus enemigos,
los cuales los afligieron.

Nehemías 9:26-27

❖ ❖ ❖

CAPÍTULO SIETE

Mantener buenas relaciones familiares

Mi hermana y yo experimentamos una gran ruptura en nuestras relaciones algún tiempo atrás y terminamos interrumpiendo la comunicación entre nosotras durante dos años. Todo esto debido a un tremendo malentendido. Nuestras heridas individuales enmascararon la habilidad de ver con claridad lo que estaba sucediendo en la personalidad y vida de la otra. Nos encontrábamos en dos mundos diferentes, aunque habíamos sido criadas en la misma casa y familia. Todo este episodio me tenía muy molesta, y no cesé de orar por ello, hasta que pudimos al fin reconciliarnos y nuestra relación fue restaurada. Sin embargo, yo creo que de tener padres que oraran, en primer lugar, esto no habría sucedido.

Una de las cosas que prefiere el enemigo de nuestras almas es interponerse en medio de las relaciones establecidas por Dios y causar en ellas fallas, falta de comunicación, malos entendidos, resquebrajamientos o desunión. Mientras más pueda separarse a una familia, más débil e inefectivos serán, y el enemigo podrá controlar sus vidas en mayor medida. La forma de evitar esto es a través de la oración. Cuando cubres las relaciones familiares con oración, ya se trate de niños, padres, padrastros, hermanos, hermanas, abuelos, tíos, tías, primos, esposo o esposa, habrá menos ocasiones de tensión o ruptura en ellas.

Cuando nació mi hija, su hermano tenía cuatro años y medio. Yo oré desde el comienzo, para que Christopher y Amanda tuvieran una relación cercana entre sí, e hice todo lo que pude para ver que eso sucediera. Su amistad fue tan estrecha en los primeros años que otros lo notaban y comentaban el asunto. Entonces un día, Christopher se volvió un adolescente y todo cambió. De momento él tenía lugares a donde ir y personas que ver, y ya no tenía tiempo para su hermana menor. El humor burlón que él disfrutaba con sus amigos no era bien recibido por ella. Al sentirse rechazada y herida, tomaba represalias. Yo me convertí en árbitro y me dolía en el corazón ver lo que estaba sucediendo.

Un día comprendí algo importante: como marchaba de maravillas entre Amanda y Christopher, yo había dejado de orar por sus relaciones. Así que comencé a orar por ello nuevamente, deseando nunca haberme detenido. Me tomó un tiempo, pero poco a poco observé un suavizar en las actitudes del uno para con el otro. Sé que de no haber hecho algo en ese momento, lo más seguro es que se produjera entre ellos el mismo tipo de ruptura permanente que se palpó en el pasado entre muchos nexos en mi familia. Aunque los vínculos entre mis hijos no están aún donde deseo, se fortalecen todo el tiempo. Y yo continuaré sosteniendo este asunto en oración mientras viva.

¿Cuántas relaciones familiares se dejan a la suerte porque nadie ora por ellas? Sospecho que demasiadas. Es triste ver familias dividirse y miembros individuales ajenos entre sí, cuando son adultos. Es desgarrador pensar que eso pueda acontecerle a nuestros hijos. Sin embargo no tiene por qué suceder así.

En Isaías 58, Dios dice todas las cosas maravillosas que sucederán, cuando ayunemos y oremos. Él dice: "Y serás llamado reparador de portillos, restaurador de calzadas para habitar" (Isaías 58:12). Dios desea que restauremos la unidad, que mantengamos los lazos familiares en el Señor, y que dejemos una herencia espiritual de solidaridad como legado a generaciones.

También la Biblia dice: "Unánimes entre vosotros; no altivos, sino asociándoos con los humildes. No seáis sabios en vuestra propia opinión" (Romanos 12:16). Tenemos que orar por humildad y unidad.

Jesús dijo: "Bienaventurados los pacificadores, porque ellos serán llamados hijos de Dios" (Mateo 5:9). Dije, seamos pacificadores. Evidentemente no hay suficiente de nosotros en el mundo. "Así que, sigamos lo que contribuye a la paz y a la mutua edificación" (Mateo 14:19). Comencemos orando por aquellos más cercanos a nosotros, nuestros hijos, y extendámonos luego.

ORACIÓN

Señor:

Yo oro por (nombre del niño) y su relación con todos los miembros de la familia. Protégele y presérvale de cualquier ruptura no resuelta o permanente. Llena su corazón con tu amor y otórgale abundante compasión y perdón, que se desborde hacia cada miembro de la familia. En especial, yo clamo porque se fomente una relación cercana, feliz, amorosa y plena entre (nombre del niño) y (nombre del miembro de la familia) durante todos los días de su vida. Que siempre haya una buena comunicación entre ellos y que la falta de perdón no tenga raíz en sus corazones. Ayúdale a amar, valorar, apreciar y respetarse el uno al otro, para que los lazos establecidos por Dios entre ellos, no puedan ser rotos. Oro de acuerdo a tu Palabra, que ellos sean "amorosos el uno con el otro con amor fraternal; en cuanto a honra, prefiriéndose el uno al otro" (Romanos 12:10).

Enseña a mi hijo(a) a resolver malos entendidos de acuerdo a tu Palabra. Y si alguna división ha comenzado ya, si hay alguna relación tensa o rota, Señor, yo oro para que tú quites el surco de división y traigas sanidad. Suplico que no haya allí ninguna tensión, ruptura, mal entendido, argumento, discordia, o separación de lazos. Dale a ella (él) un corazón de perdón y reconciliación.

Tu Palabra nos instruye que "...seamos todos de un mismo sentir, compasivos, amándonos fraternalmente, misericordiosos, amigables" (1 Pedro 3:8). Ayúdale a vivir "solícito en guardar la unidad del Espíritu en el vínculo de la paz" (Efesios 4:3). En el nombre de Jesús yo imploro que deposites amor y compasión en ella (él) hacia todos los miembros de la familia, que sea fuerte y sin fin, como un cordón que no pueda ser roto.

❖ ❖ ❖

ARMAS DE GUERRA

Bienaventurados los pacificadores,
porque ellos serán llamados
hijos de Dios

Mateo 5:9

¡Mirad cuán bueno y cuán delicioso
es habitar
los hermanos juntos en armonía!

Salmo 133:1

Pero el Dios de la paciencia y de la consolación
os dé entre vosotros un mismo sentir según
Cristo Jesús, para que unánimes, a una voz,
glorifiquéis al Dios y padre de
nuestro Señor Jesucristo

Romanos 15:5-6

Si es posible, en cuanto dependa de vosotros,
estad en paz con todos los hombres.

Romanos 12:18

Os ruego, pues, hermanos, por el nombre de
nuestro Señor Jesucristo, que habléis todos
una misma cosa, y que no haya entre
vosotros divisiones, sino que estéis
perfectamente unidos en una misma
mente y en un mismo parecer.

1 Corintios 1:10

Capítulo ocho

Atraer amigos puros y buenos modelos que imitar

Siempre he orado por los amigos de mis hijos, y en su mayoría han sidos estupendos. En ocasiones ellos han hecho amistades, de las cuales como madre he tenido reservas. No porque me disgustaran; en realidad, cada siempre me gustaron mucho. Lo que no me agradaba era el tipo de influencia que ellos ejercían sobre mis hijos, y lo que producía la combinación de esa amistad y mi hijo(a). La forma en que siempre manejé este asunto, era orando. Clamaba para que ese niño(a) cambiara o que saliera de la vida de mi hijo(a). Esa oración fue siempre contestada. En varias ocasiones, el paso del tiempo reveló la exactitud de mis reservas. Los muchachos que me preocupaban resultaron ser muy problemáticos.

A menudo los padres tienen un presentimiento sobre las amistades de sus hijos. Cuando eso sucede, pídele a Dios el discernimiento inspirado por el Espíritu Santo, y ora de acuerdo a ello.

Una de las veces cuando yo intercedí con más fervor sobre este asunto, surgió cuando me mudé de California a Tennessee.

Nos mudamos justo cuando mi hijo iba a comenzar su último año de escuela superior y mi hija estaba comenzando su séptimo grado, los dos peores momentos para efectuar un cambio de colegio. Normalmente yo no hubiera deseado que mis hijos cambiaran de escuela en ese momento, pero mi esposo y yo sentimos la dirección clara del Señor para mudarnos. Debido a que yo sabía lo difícil que este tiempo sería para mis hijos, cada día de los meses antes y después de la mudada yo oraba: "Señor, ayuda a mis hijos a tener amistades puras. Yo sé que tú nos trajiste aquí y no dejarás a mis hijos olvidados. Me preocupa que en su necesidad de aceptación, terminen con amistades cuyo nivel moral no sea tan alto como el tuyo. Trae a sus vidas buenos modelos que imitar.

Los primeros seis meses fueron momentos muy solitarios, tanto para Christopher como para Amanda, y a menudo me quedaba despierta durante las noches orando a su favor. No había nada más que pudiera hacer. Yo no podía intervenir para escogieran las amistades que realmenten les convenían, como cuando eran más jóvenes. Pero haber podido hacerlo, mi trabajo nunca habría sido tan bueno como el de Dios en respuesta a mis oraciones. Con el tiempo llegaron personas a sus vidas, algunas de las cuales se han convertido en los mejores amigos que han tenido. Esto no es solo una coincidencia o el final de un cuento de hadas. Es el resultado de la oración intercesora. Este es el resultado de clamar a Dios, diciendo: "Señor, ayuda a mis hijos a atraer amistades puras y buenos modelos que imitar."

La Palabra de Dios nos instruye con claridad:

> *No os unáis en yugo desigual con los incrédulos; porque ¿qué compañerismo tiene la justicia con la injusticia? ¿Y qué comunión la luz con las tinieblas? ¿Y qué concordia Cristo con Belial? ¿O qué parte el creyente con el incrédulo?*
>
> 2 Corintios 6:14-15

Eso no significa que nuestros hijos no pueden tener nunca un amigo no creyente. Pero implica claramente que sus amigos más cercanos, aquellos con los que establecen fuertes lazos, deben ser creyentes.

¿Andarán dos juntos, si no estuvieren de acuerdo?

Amos 3:3

No, no pueden. Eso significa que si ellos no están de acuerdo, alguien tiene que cambiar. Y es por eso que:

El justo sirve de guía a su prójimo; mas el camino de los impíos les hace errar.

Proverbios 12:26

Si tu hijo no tiene amistades creyentes cercanas, comienza a orar ahora mismo con ese fin. Clama para que las amistades no creyentes reciban al Señor y para que las que sean creyentes fuertes vengan a su vida. Con mucha frecuencia, los padres se sienten incapaces de hacer algo acerca de la mala influencia de ciertas personas en las vidas de sus hijos. Pero no somos inútiles. Tenemos el *poder de Dios* y la *verdad de su Palabra* respaldándonos. No permitas que alguien conduzca a tu hijo por un camino erróneo. Se plantea ampliamente en la Escritura sobre la importancia de las compañías que tenemos, por lo que no debemos mantener una actitud pasiva con relación a este tema.

Una de las mayores influencias en las vidas de nuestros hijos serán sus amistades y modelos que imitar .¿Cómo *no* orar por ello?

ORACIÓN

Señor:

Yo levanto a ti (nombre del niño) y te pido que tú proporciones a su vida, amistades puras y buenos modelos a seguir. Dale la sabiduría que él (ella) necesita para escoger buenas amistades que le ayuden a nunca comprometer su caminar contigo, por encontrar aceptación. Espíritu Santo, dame discernimiento inspirado por ti, para dirigirle o influirle en la elección de amistades. Oro para que tú *alejes* a cualquiera que *no* sea una influencia santa o que transformes a esa persona a tu semejanza.

Tu Palabra dice: "El que anda con sabios, sabio será; mas el que se junta con necios será quebrantado" (Proverbios 13:20). No dejes que mi hijo(a) sea compañero de necios. Capacítale para relacionarse con amistades sabias y que no tenga que experimentar la destrucción que sobreviene al que camina con necios. Líbrale de cualquiera que tenga un carácter impuro y que pueda tenderle lazo a su propia alma.

Siempre que haya un dolor por la pérdida de una amistad, consuélale y envíale nuevas amistades con quienes pueda acoplar, compartir, y ser la persona que tú deseas que sea. Quítale cualquier soledad o baja estima provocada por buscar relaciones que no te glorifican.

En el nombre de Jesús yo oro para que tú le muestres el significado de la verdadera amistad. Enséñale cómo ser un buen amigo(a) y proporciónale relaciones fuertes, cercanas y duraderas. Que cada una de sus amistades te glorifiquen siempre.

❖❖❖

ARMAS DE GUERRA

No entres por la vereda de los impíos, ni vayas
por el camino de los malos.

Proverbio 4:14

Más bien os escribí que no os juntéis con ninguno
que, llamándose hermano, fuere fornicario,
o avaro, o idólatra, o maldiciente, o borracho,
o ladrón; con el tal ni aún comáis.

1 Corintios 5:11

Hijo mío, teme al Señor y al rey; no te asocies
con los que son inestables; porque de repente se
levantará su desgracia, y la destrucción que
vendrá de ambos, ¿quién la sabe?

Proverbios 24:21-22 (BdlA)

No te entremetas con el iracundo, ni te acompañes
con el hombre de enojos, no sea que aprendas
sus maneras, y tomes lazo para tu alma.

Proverbios 22:24-25

Bienaventurado el varón que no anduvo en consejo
de malos, ni estuvo en camino de pecadores,
ni en silla de escarnecedores se ha sentado.

Salmo 1:1

Capítulo NUEVE

Desarrollar apetito por las cosas de Dios

Cuando leemos en el periódico sobre jóvenes que roban, matan, destruyen propiedades o son sexualmente promiscuos, podemos estar seguros de que esos individuos no tienen un temor de Dios saludable, ni una buena comprensión de sus caminos, ni hambre por las cosas de Dios. Algunos de ellos puede que sean incluso de familias cristianas y hayan recibido a Jesús, pero por no haber sido enseñados en el temor de Dios y anhelar su presencia, están controlados por la carne.

Temor de Dios significa tener un profundo compromiso de respeto, amor y reverencia por su autoridad y poder. Significa temer a cómo sería la vida sin Él y estar agradecido de que a causa de su amor nosotros nunca tendremos que experimentar tal desesperación. Significa hambre por todo lo que Dios es y lo que Él tiene para nosotros.

¡Existe tanto en el mundo para desviar la atención de nuestros hijos de las cosas de Dios! El diablo se acercará a cada niño con su agenda y plan, para ver si ellos ceden a él. Pero si nosotros hacemos nuestra parte de enseñar, instruir, disciplinar y entrenar a nuestros hijos en los caminos de Dios...

Cuando les leemos historias de la Palabra de Dios, les enseñamos a orar y creer que el Señor es quien ha dicho ser y que hará según ha declarado.

Cuando les ayudamos a asociarse con amistades puras, les enseñamos que el caminar con Él trae gozo y plenitud, no aburrimiento y restricciones.

Cuando oramos con y por ellos referente a todo, .entonces nuestros hijos desarrollarán hambre por las cosas de Dios.

Ellos sabrán que las cosas de Dios son prioritarias.

Serán controlados por Dios y no por la carne.

Desearán sus caminos, su Palabra, y su Presencia.

Temerán a Dios y vivirán una vida más larga y mejor.

Porque "el temor del Señor multiplica los días; mas los años de los impíos serán acortados" (Proverbios 10:27 BdlA).

Cuando mi esposo y yo supimos que nos íbamos a mudar de California a Tennessee, el primer motivo de oración fue encontrar una gran iglesia con un grupo de jóvenes excelente. Esa oración fue contestada, y fue la razón principal que permitiera a nuestros hijos hacer este gran ajuste con éxito; porque fue en su nueva iglesia y grupo de jóvenes donde encontraron buenas amistades y continuaron creciendo en su relación con el Señor. Encontrar una iglesia que esté enseñando activamente la Palabra de Dios, mostrando su amor, y compartiendo el gozo del Señor con sus hijos y jóvenes, hará una gran diferencia contribuyendo a que tus hijos desarrollen un hambre por las cosas de Dios.

Comienza ahora mismo orando por tu hijo para que tema a Dios, tenga fe en Él y en su Palabra, y desarrolle el tipo de corazón que le busca. Esto pudiera ser el factor que determine si tu hijo experimente una lucha constante en la vida en la carne, o que esté satisfecho y bendecido viviendo en el Espíritu. Recuerda, "temed al Señor, vosotros sus santos, pues nada les falta a aquellos que le temen" (Salmo 34:9 BdlA). Nunca es demasiado temprano para comenzar a hacer esto. No esperes otro minuto.

❖❖❖

ORACIÓN

Señor:

Yo oro por (nombre del niño), para que constantemente se incremente su apetito por ti. Que ella (él) desee tu presencia, pasar tiempo contigo en oración, alabanza, y adoración. Dale un deseo por la verdad de tu Palabra y amor por tus leyes y tus caminos. Enséñale a vivir por fe y ser dirigido por el Espíritu Santo, teniendo la disponibilidad de hacer lo que tú le orientes. Que ella (él) esté tan consciente de la llenura de tu Espíritu Santo, que cuando sea apocada(o) en cualquier medida, de inmediato corra a ti para ser renovada(o) y refrescada(o).

Oro para que su corazón no ofrezca lealtad a algo ajeno o se desvíe fuera de ti, sino que más bien sienta repulsión por las cosas inmundas y por todo lo que se oponga a ti. Que una profunda reverencia y amor por ti y tus caminos coloree todo lo que ella (él) haga y toda decisión que tome. Ayúdale a comprender las consecuencias de sus acciones y a conocer que una vida controlada por la carne tan solo cosechará muerte. Que ella (él) no sea sabia(o) en su propia opinión, sino más bien que "tema al Señor y se aparte del mal" (Proverbios 3:7 BdlA).

Clamo para que ella (él) sea digna(o) de confianza, formal, responsable, compasiva(o), sensible, amorosa(o), y dadivosa(o) con los demás. Líbrale del orgullo, vagancia, pereza, egoísmo, o lujuria de la carne. Suplico que ella (él) tenga un espíritu dócil y sumiso que diga "Sí" a las cosas de Dios y "No" a las de la carne. Fortalécele para que esté firme en sus convicciones.

Imploro que ella (él) siempre desee ser miembro activo de una iglesia cristiana, alerta a la verdad de tu Palabra y al poder de la adoración dirigida por el Espíritu Santo, enseñanza y oración. Mientras que ella (él) aprende a leer tu Palabra, escribe tu ley en su mente y en su corazón para que siempre camine con la segura confianza de la justicia de tus mandamientos. Mientras ella (él) ejercita el orar, que pueda aprender a escuchar tu voz. Yo oro para que su relación contigo nunca se torne tibia, indiferente o superficial. Que siempre exista el fuego del Espíritu Santo en su corazón y un firme deseo por las cosas de Dios.

ARMAS DE GUERRA

Bienaventurados los que tienen hambre y
sed de justicia, porque ellos serán saciados.

Mateo 5:6

El temor del Señor es fuente de vida,
para evadir los lazos de la muerte.

Proverbios 14:27 (BdlA)

Con Cristo estoy juntamente crucificado, y ya
no vivo yo, mas vive Cristo en mí; y lo que
ahora vivo en la carne, lo vivo en la fe
del Hijo de Dios, el cual me amó y se
entregó a sí mismo por mí.

Gálatas 2:20

Bienaventurados los que guardan sus testimonios,
y con todo el corazón le buscan.

Salmo 119:2

Enséñame, oh Señor, tu camino; andaré en tu verdad;
unifica mi corazón para que tema tu nombre.
Te daré gracias, Señor mi Dios, con todo mi corazón,
y glorificaré tu nombre para siempre.

Salmo 86:11-12 (BdlA)

❖❖❖

Capítulo diez

Ser la persona que Dios creó

*C*onozco un señor que dejó su trabajo para una gran compañía como ingeniero, altamente remunerado, para convertirse en un mecánico de automóvil. Lo hizo porque él amaba reparar automóviles, más que ninguna otra cosa. No solo era el mejor mecánico del pueblo, sino también una persona feliz y complacida. Conozco a otro hombre que rehusó seguir el llamado de Dios a ser pastor, porque en su lugar, él deseaba ser un hombre de negocios exitoso. Con el tiempo perdió a su familia por causa del divorcio, sufrió la muerte de su pequeño hijo, y vio su vida desmoronarse entre tristezas y pérdidas. ¡Qué diferente pudo haber sido todo, si él hubiera tenido unos padres que oraran o alguien que le ayudara a comprender para qué Dios lo creó!

No saber para qué Dios nos creó, pretender ser quien *no* somos, o incluso *desear* ser otra persona, nos conduce tan solo a una vida de miseria, frustración e insatisfacción. Vemos ejemplos de esto en adultos que trabajan en lugares que odian, viven vidas miserables y nunca llegan a lograr sus expectaciones. Puedes estar seguro de que en algún punto, tales personas creyeron esta mentira: "Lo que soy, no es suficiente.

Necesito ser alguien más". Quizás nunca han sido animados a reconocer sus fortalezas y talentos dados por Dios. De seguro no han comprendido para qué Dios les creó.

Nos transformamos en la persona que Dios quiere que seamos, cuando le pedimos a Él dirección y luego hacemos lo que nos indica. El profeta Jeremías continuaba diciéndole al pueblo de Israel que Dios anhelaba ser escuchado por ellos, pero rehusaban hacerlo. Al fin, el Señor dijo:

> *Por tanto así dice el Señor, Dios de los ejércitos, el Dios de Israel: He aquí, traigo sobre Judá y sobre todos los habitantes de Jerusalén toda la calamidad que he pronunciado contra ellos, porque les hablé, pero no escucharon, y los llamé, pero no respondieron.*

Jeremías 35:17 BdlA

Cosas destructivas nos suceden, cuando no respondemos a la voz de Dios. Podemos implorar que nuestros hijos tengan oídos que escuchen esa voz, y por ende, tales miserias nunca les acontezcan.

Uno de los planes del diablo para los jóvenes es hacer que ellos se comparen con otros muchachos, se juzguen a ellos mismos como deficientes, y luego busquen ser alguien diferente al modelo para el que fueron creados. Las jovencitas se comparan con otras y las ven como si tuviesen el cabello más lindo, mejores ropas, una mejor casa, como si fuesen más populares, con mayores logros académicos, o más talento y belleza. Los jovencitos miran a otros muchachos y los ven más altos, de mejor parecido, mejores atletas, con más amistades, más cabello, más posesiones, o más habilidades y destrezas. Este continuo comparar y no lograr alcanzar, ataca la verdadera identidad de un niño. He conocido demasiados jovencitos que cuando alcanzan la adolescencia, desean ser cualquier otra persona, menos quienes realmente son. En lugar de apreciar cómo Dios los creó y gastar sus energías intentando ser lo mejor que puedan en esa dirección, ellos luchan y se esfuerzan para ser alguien que no podrán llegar a ser, haciendo cosas que nunca les satisfarán. Nuestras oraciones pueden bloquear este plan del enemigo y proporcionarle a nuestros hijos una visión clara de ellos mismos y de su futuro.

Desde que mis hijos eran pequeños, yo oraba a Dios para que nos revelara cuáles eran sus dones y talentos. También pedía sabiduría para animarlos, criarlos, desarrollarlos y entrenarlos mejor, de modo que lograran llegar a ser aquello para lo que Dios los creó. El ayudarles a apreciar sus fortalezas y a no meditar en sus debilidades fue parte de ello; y por no ser fácil durante los años de adolescencia, fue un aspecto muy enfatizado en mis oraciones.

Para ayudar a mis hijos a comprender para qué Dios les creó, fue fundamental animarles en sus relaciones con el Señor. Sé que nunca podrán comprender por completo quiénes son *ellos*, hasta que no entiendan quién es Dios.

En una porción bíblica donde Dios promete derramar su Espíritu sobre nuestros hijos, Él dice de ellos:

> *Brotarán entre la hierba como sauces junto a corrientes de aguas. Este dirá: 'Yo soy del Señor', otro invocará el nombre de Jacob, y otro escribirá en su mano: 'Del Señor soy' y se llamará con el nombre de Israel.*
>
> Isaías 44:4-5

Estos niños sabrán quiénes son ellos. Estarán llenos de su Espíritu y tendrán esa confianza interna de conocer que le pertenecen. Tú verás una expresión segura y radiante sobre el rostro de cualquier niño que pueda decir con confianza, "Yo soy del Señor". ¿Deseas eso para tu hijo lo suficiente, como para orar por ello?

❖ ❖ ❖

ORACIÓN

Señor:

Oro para que puedas derramar tu Espíritu sobre (nombre del niño) en este día y le unjas para todo lo que tú le has llamado a ser y hacer. Señor, tú has dicho, "Cada uno, hermanos, en el estado en que fue llamado, así permanezca para con Dios" (1 Corintios 7:24). Que sea para este niño de acuerdo a tu Palabra, que él (ella) nunca se desvíe de lo que tú le has llamado a ser y hacer, o trate de ser alguien que él (ella) no es.

Líbrale de cualquier plan maligno del diablo para robarle vida, singularidad y dones, para comprometer el camino al que tú le has llamado a andar, o para destruir la persona que tú has creado. Que él (ella) no sea seguidor de otra persona excepto de ti; y que más bien, sea líder de personas para llevarlas a tu reino. Ayúdale a crecer en completa comprensión de su autoridad en Jesús, mientras retiene un espíritu sumiso y humilde. Que el fruto del Espíritu, que es amor, gozo, paz, paciencia, benignidad, bondad, fe, mansedumbre, templanza crezca en él (ella) a diario (Gálatas 5:22). Que él (ella) encuentre su identidad en ti, se vea a sí mismo(a) como tu instrumento, y sepa que él (ella) está completo(a) en ti. Concede visión para su vida cuando esté estableciendo metas para el futuro y un sentido de propósito acerca de lo que tú le has llamado a hacer. Ayúdale a que se vea a sí mismo(a) como tú le ves, desde su futuro y no desde su pasado. Que él (ella) esté convencido(a) de que tus pensamientos hacia él (ella) son pensamientos de paz y no de mal, para darle un futuro y una esperanza (Jeremías 29:11). Enséñale a verte como su esperanza para el futuro. Que él (ella) comprenda que eres tú "quien nos salvó y llamó con llamamiento santo, no conforme a nuestras obras, sino según el propósito suyo y la gracia que nos fue dada en Cristo Jesús antes de los tiempos de los siglos" (2 Timoteo 1:9). Que su compromiso para ser según tú lo creaste, le capacite para crecer en confianza y en la fuerza del Espíritu Santo.

ARMAS DE GUERRA

Mas vosotros sois linaje escogido, real sacerdocio, nación santa, pueblo adquirido por Dios, para que anunciéis las virtudes de aquel que os llamó de las tinieblas a su luz admirable.

1 Pedro 2:9

Antes bien, como está escrito: Cosas que ojo no vio, ni oído oyó, ni han subido en corazón de hombre, son las que Dios ha preparado para los que le aman.

1 Corintios 2:9

Por lo cual, hermanos, tanto más procurad hacer firme vuestra vocación y elección; porque haciendo estas cosas, no caeréis jamás.

2 Pedro 1:10

Y sabemos que a los que aman a Dios, todas
las cosas les ayudan a bien, esto es, a los que
conforme a su propósito son llamados.
Porque a los que antes conoció, también los
predestinó para que fuesen hechos conformes
a la imagen de su Hijo, para que él sea el primogénito
entre muchos hermanos. Y a los que predestinó,
a éstos también llamó; y a los que llamó,
a éstos también justificó; y a los que justificó,
a éstos también glorificó.

Romanos 8:28-30

Levántate, resplandece; porque ha llegado tu luz
y la gloria del Señor ha amanecido sobre ti.

Isaías 60:1 (BdlA)

Capítulo ONCE

Seguir la verdad, rechazar la mentira

En el hogar, nuestros hijos saben que mientras es posible llegar a un acuerdo sobre el castigo de ciertas infracciones, si el mentir es parte de la ofensa, el castigo no se hará esperar, será desagradable y no negociable. Nosotros consideramos que el decir una mentira es la peor ofensa, porque es la base para todos los demás actos de maldad. Todo pecado o crimen comienza con alguien que cree o habla una mentira. Incluso si es tan simple como "puedo conseguir lo que quiero si miento", es suficiente para pavimentar el camino al mal.

Desde el principio, mi hija pretendió asumir el riesgo diciendo "pequeñas mentiras piadosas". Pero no le tomó mucho tiempo, comprender que el castigo por mentir opacaba en gran medida, cualquier posible ventaja obtenida a través de esa acción. Mi hijo, por otro lado, lo comprobó ampliamente. Si él iba a decir una mentira, lo haría en grande.

Cuando Christopher tenía siete años, estaba jugando pelota con su amigo Steven, frente a la casa de este último. La pelota le pegó a una ventana grande del frente de la casa, lo que provocó la aparición de la mamá de Steven en la escena.

—¿Quién hizo esto? —ella preguntó.

—Yo no lo hice —dijo Steven.

—Yo tampoco —declaró Christopher.

—¿Steven, quieres decirme que tú no le diste a la ventana con esta pelota? —ella insistió.

—No, no lo hice —respondió Steven con certeza.

—Christopher, ¿le pegaste *tú* a la ventana con esta pelota? —le preguntó.

—Si me viste hacerlo, yo lo hice. Si no me viste, yo no lo hice —respondió Christopher con su más convincente tono de voz.

—Yo no te vi hacerlo —ella dijo.

—Entonces, no lo hice —aseveró él.

Cuando la mamá de Steven nos relató lo sucedido, supimos que necesitábamos lidiar de inmediato con este asunto, para que Christopher no pensara que podía obtener ventaja de la mentira.

—Christopher, alguien vio todo lo ocurrido. ¿Te gustaría contarnos al respecto? —le dije, anhelando toda su confesión y un corazón arrepentido.

El bajó su cabeza y dijo:

—Está bien, lo hice.

Tuvimos una larga conversación sobre lo que la Palabra de Dios dice acerca de mentir.

—Satanás es un mentiroso —le dijimos—. Todo el mal que él hace comienza con una mentira. Las personas que mienten creen que el hacerlo hará que las cosas les vayan mejor. Pero en realidad, conlleva justo a lo opuesto, porque el hablar falsedad significa que te has aliado con Satanás. Cada vez que mientes, le das a Satanás un pedazo de tu corazón. Mientras más embustes dices, más lugar le das en tu corazón al espíritu de mentira de Satanás, hasta que al fin no puedes dejar de engañar. La Biblia dice: "Amontonar tesoros con lengua mentirosa, es aliento fugaz de aquellos que buscan la muerte" (Proverbios 21:6). En otras palabras, tú puedes *pensar* que estás consiguiendo algo al mentir, pero todo lo que haces en realidad, es traer muerte a tu vida. Las consecuencias de decir la verdad tienen que ser mejor que la muerte. Aún el castigo que recibes de tus padres por mentir será mucho más placentero, que las secuelas de la mentira. La Biblia promete que "el testigo falso no quedará sin castigo, y el que habla mentiras no escapará" (Proverbios 19:5).

Transcurrió bastante tiempo después de ese incidente, antes que Christopher me preguntara quién le había visto aquel día.

—Fue Dios —le expliqué—. Él te vio. Yo siempre he pedido al Señor que me revele cualquier cosa que necesite saber sobre ti o tu hermana. Él es el Espíritu de Verdad, tú lo sabes.

—Mami, eso no es justo —fue todo lo que me dijo.

Después de eso, sin embargo, las pocas veces que dijo una mentira, él siempre vino a mí de inmediato para confesarla.

—Pensé que mejor te lo decía yo, antes que lo escucharas de parte de Dios —él me explicaba.

Los niños van a mentir en un momento o en otro. La pregunta no es *si* lo harán, sino si el mentir se convertirá en algo que ellos crean poder hacer sin ser descubiertos. Nuestra forma de manejar el asunto determinará el resultado. Si nosotros no enseñamos a nuestros hijos lo que Dios dice acerca de mentir, ellos no sabrán por qué es algo malo. Si no les disciplinamos cuando mienten, ellos pensarán que engañar no tiene consecuencias. Si no oramos por ello ahora, habrá asuntos mayores que tratar posteriormente.

La Biblia dice sobre el diablo, "...él ha sido homicida desde el principio, y no ha permanecido en la verdad, porque no hay verdad en él. Cuando habla mentira, de suyo habla; porque es mentiroso, y padre de mentira" (Juan 8:44). Cuando tú consideras la fuente, no hay posibilidad de sentarte como espectador y permitir que la semilla de mentira eche raíz en el corazón de tu hijo.

Ora ahora para que cualquier espíritu mentiroso sea desarraigado, no tan solo en tus hijos, sino en ti mismo también. En ocasiones los padres son suaves con sus hijos al respecto, porque ellos mismos también mienten. Nosotros necesitamos rechazar el camino de la mentira y seguir la verdad. Nos urge ser un ejemplo para nuestros hijos. Precisamos ser capaces de decir como Juan, "no tengo yo mayor gozo que este, el oír que mis hijos andan en la verdad" (3 Juan 1:4). No deseamos que nuestros hijos estén aliados con el padre de mentiras. Anhelamos que lo estén con el Padre de las Luces (Santiago 1:17).

ORACIÓN

Señor:

Oro para que tú llenes a (nombre del niño) con tu Espíritu de veracidad. Dale un corazón que ame la verdad y la busque, rechazando toda mentira como manifestación del enemigo. Limpia todo en ella (él) que pueda entretener un espíritu de falsedad y limpia en ella (él) cualquier muerte que haya entrado como resultado de mentiras que haya dicho o pensado. Ayúdale a comprender que cada mentira entrega al diablo un pedazo de su corazón y en todo lo que queda, entra confusión, muerte, y separación de tu presencia.

Yo oro para que ella (él) nunca llegue lejos con la mentira, que todas salgan a la luz y sean descubiertas. Si miente, que se sienta tan miserable, que la confesión y sus consecuencias sean tenidas como alivio.

Ayúdame a enseñarle lo que significa mentir, y a disciplinarle de manera efectiva cuando ella (él) pruebe ese principio. Tu Palabra dice que "cuando venga el Espíritu de verdad, él os guiará a toda la verdad; porque no hablará por su propia cuenta, sino que hablará todo lo que oyere, y os hará saber las cosas que habrán de venir" (Juan 16:13). Suplico que tu Espíritu de verdad le guíe a toda verdad. Que ella (él) nunca sea alguien que le dé lugar a la mentira, sino más bien una persona de integridad que siga tenazmente tras el Espíritu de verdad.

ARMAS DE GUERRA

Los labios mentirosos son abominación al Señor;
pero los que obran fielmente son su deleite.

Proverbios 12:22 (BdlA)

Se deshace mi alma de ansiedad; susténtame
según tu palabra. Aparta de mí el camino de
la mentira, y en tu misericordia
concédeme tu ley.

Salmo 119:28-29

Nunca se aparten de ti la misericordia y la verdad;
átalas a tu cuello, escríbelas en la tabla de
tu corazón; y hallarás gracia y buena opinión ante
los ojos de Dios y de los hombres.

Proverbios 3:3-4

Inicuo cuyo advenimiento es por obra de Satanás,
con gran poder y señales y prodigios mentirosos,
y con todo engaño de iniquidad para los que
se pierden, por cuanto no recibieron el
amor de la verdad para ser salvos.

2 Tesalonicenses 2:9-10

Si me amáis, guardad mis mandamientos. Y yo rogaré
al Padre, y os dará otro Consolador, para que esté
con vosotros para siempre; el Espíritu de verdad,
al cual el mundo no puede recibir, porque no le ve,
ni le conoce; pero vosotros le conocéis,
porque mora con vosotros, y estarán
en vosotros.

Juan 14: 15-17

❖ ❖ ❖

Capítulo doce

Disfrutar una vida de salud y sanidad

Cuando mi hija tenía cuatro años de edad le diagnosticaron un problema en los ojos que según los médicos, requería cirugía y el uso de espejuelos para el resto de su vida.

"Señor, ¿es esto acaso lo que tú tienes para mi hija? —oré—. Muéstrame si es así, porque no tengo paz al respecto".

Mi esposo se sentía como yo, así que oramos para que los ojos de Amanda sanaran. También lo hicimos para que, de ser necesario, pudiéramos encontrar otro médico que la ayudara. Al día siguiente, aparentemente de la nada recibí una llamada de alguien que no sabía sobre la situación de Amanda, pero sí tenía información sobre un excelente especialista en la clínica de ojos del Hospital de Niños de Los Ángeles. Llevé a Amanda a este médico, y luego de examinarla minuciosamente, él nos ofreció noticias alentadoras. Él consideraba que lentes de contacto arreglarían el problema y ella no tendría que someterse a la cirugía. Sentimos una paz inmediata por su diagnóstico y depositamos a Amanda bajo el cuidado de este médico, aunque nunca cesamos de orar por su sanidad.

Durante ocho años, ella usó lentes de contacto bajo la estricta supervisión del médico. Nos fatigábamos de colocárselos cada mañana y quitárselos en las noches, y me preocupaba tener que salir corriendo al colegio cada vez que ella perdía uno, en el patio. Pero perseveramos. Entonces un día, al tener doce años, fue a su examen regular y el doctor le dijo: "Ya no necesitas más los contactos, ni espejuelos o cirugía. Tus ojos están bien".

Estábamos eufóricos y muy agradecidos a Dios por su dirección y su respuesta a la oración.

Hemos orado por nuestros hijos al atravesar cada catarro, gripe, fiebre, y lesión y el Señor siempre ha respondido. Nosotros nunca dudamos de llevarlos al médico cuando lo necesitaron, por supuesto, porque sabemos que Dios también sana por medio de la medicina. Pero la Biblia dice:

¿Está alguno enfermo entre vosotros? Llame a los ancianos de la iglesia, y oren por él, ungiéndole con aceite en el nombre del Señor. Y la oración de fe salvará al enfermo, y el Señor lo levantará; y si hubiere cometido pecado, le serán perdonados.

Santiago 5:14-15

El punto es: primero orar y ver al médico siempre que sea necesario. Y luego, cuando hemos sanado, no cuestionar o dudar.

Después del accidente automovilístico en que se vio involucrado nuestro hijo, referido anteriormente, su espalda y rodilla quedaron muy adoloridas. Nosotros, por supuesto, oramos de inmediato por su sanidad y nos aseguramos de que le hicieran radiografías y lo examinaran bien en el hospital. Sin embargo, continuamos orando por completa sanidad, porque no deseábamos que él tuviera su espalda o rodilla débil, cosa que implicaría problemas para el resto de su vida.

Cuando la compañía de seguros del conductor del otro automóvil, quien resultó culpable del accidente, nos llamó para establecer su responsabilidad, yo me sentí *fuertemente* impresionada con la Escritura:

> *Porque yo te devolveré la salud, y te sanaré de tus heridas —declara el Señor—porque te han llamado desechada, diciendo: 'Esta es Sión, nadie se preocupa por ella'.*

Jeremías 30:17 BdlA

Yo tenía la seguridad de que mi hijo estaba sano y debíamos rehusar cualquier compensación. Era como si yo escuchara a Dios decir, "¿Deseas el dinero o la sanidad?"

"Deseo la sanidad, señor y acepta mi gratitud" —le respondí sin vacilar.

No estoy diciendo que es falta de fe aceptar el dinero del seguro. Yo no creo eso en absoluto. Pero en esta ocasión el rehusar la compensación, era lo correcto para nosotros. Cuando oramos por sanidad y Dios sana, no debemos actuar como si ello hubiera sucedido.

La Biblia está llena de promesas de sanidad. David dijo:

> *Bendice, alma mía, al Señor, y no olvides ninguno de sus beneficios. Él es el que perdona todas tus iniquidades, el que sana todas tus enfermedades.*

Salmo 103:2-3 BdlA

Ser perdonador de nuestros pecados y sanador de nuestros cuerpos, son aspectos principales que Jesús desea ser para nosotros. Apoderémonos de la sanidad y salud que Él tiene para nuestros hijos por medio de la oración, incluso aún *antes* de que surja la necesidad.

❖❖❖

ORACIÓN

Señor:

Porque nos has instruido en tu Palabra que debemos orar los unos por los otros para que seamos sanos, yo oro por sanidad y salud para (nombre del niño). Imploro que la enfermedad y malestar no tengan lugar o poder en su vida. Clamo por protección contra cualquier enfermedad que entre a su cuerpo. Tu Palabra dice: "Envió su palabra, y los sanó, y los libró de su ruina" (Salmo 107:20). Siempre que haya enfermedades, males, o dolencias en su cuerpo, yo oro para que Tú, Señor, le toques con tu poder de sanidad y le restaures a una salud plena.

Líbrale de cualquier destrucción o lesión que pueda venir sobre él (ella); en específico te pido que sanes (nombra cualquier problema en específico). Si necesitamos ver a un doctor, te suplico que nos muestres quién debe ser. Dale a ese médico sabiduría y pleno conocimiento de la mejor forma a proceder.

Gracias, Señor, que tú sufriste y moriste por nosotros, para que pudiéramos ser sanados. Yo reclamo esa herencia de sanidad que tú has prometido en tu Palabra y provisto para aquellos que creen. Yo busco en ti la vida de salud, sanidad y plenitud para mi hijo.

ARMAS DE GUERRA

Mas él, herido fue por nuestras rebeliones,
molido por nuestros pecados; el castigo de
nuestra paz fue sobre él, y por su llaga
fuimos nosotros curados.

Isaías 53:5

Confesaos vuestras ofensas unos a otros, y
orad unos por otros, para que seáis sanados.
La oración eficaz del justo puede mucho.

Santiago 5:16

Mas a vosotros los que teméis mi nombre,
nacerá el sol de justicia, y en sus alas traerá
salvación; y saldréis, y saltaréis como
becerros de la manada.

Malaquías 4:2

El cual no hizo pecado, ni se halló engaño en su boca;...
quien llevó él mismo nuestros pecados en
su cuerpo sobre el madero, para que nosotros,
estando muertos a los pecados, vivamos a
la justicia; y por cuya herida fuisteis sanados.

1 Pedro 2:22-24

Entonces tu luz despuntará como la aurora, y
tu recuperación brotará con rapidez; delante
de ti irá tu justicia; la gloria del Señor
será tu retaguardia.

Isaías 58:8 (BdlA)

Capítulo TRECE

Tener la motivación para el apropiado cuidado del cuerpo

Si en este mundo de comidas no nutritivas les dieran a elegir a los niños, ellos serían atraídos hacia todo tipo de bocado equivocado. Mucho de lo que comemos ha sido enmascarado, procesado, cambiado, alterado, y ha quedado con poco valor alimenticio. Pero a los niños no les importa eso. Ellos sólo quieren comida que luzca, huela y sepa bien, y si la han visto anunciada en la TV, eso está aún mejor. Y si tienes un cónyuge como el mío, que ama la comida no nutritiva y la trae a casa para él y los niños, enfrentas incluso una situación más difícil. Yo supe que estaba en problemas el día que llegué al hogar, después de dejar esa tarde a mi bebé de diez meses de nacido con su padre, y encontrar un refresco gaseoso en el biberón del bebé. Comprendí entonces que la oración era mi única esperanza.

Hice mi mayor esfuerzo por hacer lucir apetitosas las comidas saludables, e intenté enseñar a mis hijos los hábitos de alimentación apropiados. Incluso estaba dispuesta a sufrir la crítica de ellos.

—Yo odio esto. Somos las únicas personas en el mundo que no tienen algún alimento «no nutritivo» en su cocina —dijo mi hijo lleno de disgusto.

—Somos tan saludables que me enferma —dijo mi hija con lágrimas en sus ojos.

Porque yo creo que "Mejor es un bocado seco, y en paz, que casa de contiendas llena de provisiones" (Proverbios 17:1), es que no he hecho tanto escándalo de este tema como me gustaría. Sé que no puedo forzar a mis hijos a escoger alimentos saludables cuando no estoy alrededor para recordárselos. Tan solo el poder de Dios por medio de la oración puede hacer la diferencia.

Casi todo el mundo lucha de alguna manera, en el área del cuidado apropiado del cuerpo. Sin embargo, por causa de los libros que he escrito sobre salud y los videos de ejercicios que he hecho, he podido estar en contacto con un sin número de personas que luchan seriamente con este tema, incluso hasta el punto de un agonizante sufrimiento y derrota. Nosotros hacemos daño a nuestros hijos al no apoyarles en oración, y si no les dirigimos e instruimos en prácticas de salud, para que ellos no terminen con este tipo de miseria.

Si tus hijos son jóvenes, comienza orando por ellos para que sean atraídos a alimentos saludables y que deseen hacer ejercicios y tomar buen cuidado de sus cuerpos. Si no lo haces, cuando sean adolescentes, ya posiblemente habrán desarrollado malos hábitos y la situación puede irse de control con facilidad. Vemos esto en los desórdenes alimenticios que están haciendo epidemia entre los adolescentes y muchachas de edad universitaria y que ahora se están viendo con más y más frecuencia entre los varones. Comienza a orar antes que aparezcan algunos de estos síntomas.

Si tus hijos son mayores, comienza ahora mismo a interceder a favor de ellos. Muchas mujeres jóvenes que sufren anorexia y bulimia luchan contra algo más que los deseos de la carne. Ellas encaran también una batalla espiritual. Están atadas a hábitos obsesivos de alimentación que son mortales y opuestos por completo a la forma como Dios las creó para vivir. He conocido demasiadas mujeres jóvenes que sufren de esto. Aquellas que tienen padres que aprendieron a interceder a su favor, luego tienen historias de éxito que contar. Las otras menos afortunadas no las tienen.

Tu hijo necesita la dirección y fuerza del Espíritu Santo para tomar decisiones correctas en relación a su cuerpo. Tus oraciones pueden evitarle muchas derrotas, frustraciones, y sufrimiento. ¿No desearías tener una persona que orara por ti acerca de este tema? A mí me gustaría.

ORACIÓN

Señor:

Yo levanto a (nombre del niño) a ti; te pido que tú plantes en ella (él) el deseo de comer alimentos sanos. Sé que durante su vida tendrá la tentación de escoger y comer algunos no muy buenos que le traerán muerte y no vida. Ayúdale a comprender lo que es beneficioso para ella (él) y lo que no, y siembra el deseo por alimentos que sean saludables. Permite que sienta repulsión o insatisfacción con alimentos que sean dañinos.

Oro para que sea libre de todo desorden alimenticio. Por la autoridad que me ha sido dada en Jesucristo (Lucas 10:19), a favor de mi hija (hijo), yo digo: No, a la anorexia, la bulimia, la adicción de alimentos, la glotonería, dietas de hambre y a cualquier tipo de hábitos alimenticios no balanceados.

Señor, tu Palabra dice: "Y conoceréis la verdad, y la verdad os hará libres" (Juan 8:32). Ayúdale a captar la verdad sobre la forma en que ella (él) vive, para que pueda ser libre de hábitos dañinos a la salud. Te suplico que junto con el deseo de comer de forma apropiada, tú le des la motivación de ejercitarse con regularidad, de tomar suficiente agua pura, y de controlar y manejar la tensión en su vida, viviendo de acuerdo a tu Palabra. Siempre que ella (él) luche en cualquiera de esas áreas, que pueda volverse a ti y decir: "Señor, enséñame tu camino" (Salmo 27:11). Otórgale una visión de su cuerpo, como templo de tu Espíritu Santo.

Yo oro para que ella (él) valore el cuerpo que tú le has dado y desee ofrecer al mismo, el cuidado apropiado. Que ella (él) no se critique a sí misma(o), ni se autoexamine con el microscopio de la opinión pública y aceptación. Yo oro para que no sea absorbida(o) por el atractivo de las revistas de modas, televisión, o películas que pretenden influenciar con la imagen que proyectan de cómo se debe lucir. Capacítala(o) para que diga, "Aparta mis ojos, que no vean la vanidad" (Salmo 119:37). Ayúdale a ver que lo que hace a una persona realmente atractiva, es tu Espíritu Santo viviendo dentro de ella (él) e irradiando hacia el exterior. Que ella (él) llegue a comprender que el verdadero atractivo comienza en el corazón de aquél que ama a Dios.

Establece tu visión de salud y atractivo en su interior hoy, y de forma permanente inculca en ella (él) el deseo de cuidar apropiadamente su cuerpo, porque es el templo de tu Espíritu Santo.

❖❖❖

ARMAS DE GUERRA

¿O ignoráis que vuestro cuerpo es templo del
Espíritu Santo, el cual está en vosotros, el cual
tenéis de Dios, y que no sois vuestros? Porque
habéis sido comprados por precio; glorificad,
pues, a Dios en vuestro cuerpo y en vuestro
espíritu, los cuales son de Dios.

1 Corintios 6:19-20

Si alguno destruyere el templo de Dios, Dios
le destruirá a él; porque el templo de Dios,
el cual sois vosotros, santo es.

1 Corintios 3:17

Así que, hermanos, os ruego por las misericordias
de Dios, que presentéis vuestros cuerpos en
sacrificio vivo, santo, agradable a Dios que
es vuestro culto racional.

Romanos 12:1

Sino vestíos del Señor Jesucristo, y no
proveáis para los deseos de la carne.

Romanos 13:14

Si pues, coméis o bebéis, o hacéis otra cosa,
hacedlo todo para la gloria de Dios.

1 Corintios 10:31

Capítulo CATORCE

Inculcar el deseo de aprender

*E*l colegio fue una experiencia aterradora para mí, socialmente, pero obtener **A** era fácil. Por ello, nunca pensé en orar para que mis hijos tuvieran la habilidad o motivación, para aprender. Eso fue así, hasta que nos percatamos de que uno de mis hijos presentaba un tipo de dislexia. Como el niño era inteligente, despierto y excepcionalmente dotado, nunca cruzó por mi mente la posibilidad de dificultades en el aprendizaje. Sin embargo, el colegio era una lucha desde el comienzo, y nosotros no comprendíamos lo que sucedía hasta que en tercer grado, le fue diagnosticada esa dificultad. Aunque han existido muchos momentos de tristeza a causa de ello, las oraciones nos han sustentado en el camino. Mi esposo, nuestros compañeros de oración y yo, continuamos orando para que este hijo sea sanado totalmente o quede en completa paz con este asunto y lo acepte como parte de su maravillosa singularidad.

Por supuesto, de una manera u otra, todos tenemos deficiencias. Gracias a Dios que Él compensó nuestras deficiencias con su fuerza. Su Palabra dice: "no que seamos competentes por nosotros mismos para pensar algo como de nosotros mismos, sino que nuestra competencia proviene de Dios" (2 Corintios 3:5). ¡Eso es tan cierto! Dios ha llevado a nuestro hijo con éxito, a través de cada año de colegio, y en el proceso todos aprendemos que el conocimiento y la comprensión verdadera comienzan con, y provienen del Señor.

La Biblia nos enseña que la sabiduría empieza con una reverencia a Dios y a sus caminos. Si recibimos sus palabras y atesoramos sus mandamientos en nuestro corazón, si trabajamos intentando comprender y le pedimos al Señor que nos ayude a lograrlo, si buscamos conocimiento con tanto fervor como haríamos con tesoros ocultos, entonces encontraremos el conocimiento de Dios (Proverbios 2:1-12). ¡Y qué vasto conocimiento es ese! Es tan grande, que de hecho, es un escudo que nos libra y protege del mal.

La habilidad y el deseo de aprender no puede ser tomado a la ligera. Aun cuando nuestro hijo está en el vientre, podemos orar: "Señor, deja que este hijo sea formado perfectamente, con mente y cuerpo buenos, fuertes, saludables y que sea enseñado por ti siempre. Mientras más temprano comencemos a orar, por supuesto que será mejor, pero no importa la edad de tu hijo, tus oraciones harán una diferencia positiva y permanente.

ORACIÓN

Señor:

Yo oro para que (nombre del niño) sienta una profunda reverencia hacia ti y tus caminos. Que él (ella) guarde tu Palabra en su corazón como un tesoro, y vaya tras el conocimiento, como se anhela el oro o la plata. Dale una mente sana, un espíritu manso, y la habilidad de aprender. Incúlcale el deseo de adquirir conocimiento y habilidad y que pueda *disfrutar* el proceso. Sobre todas las cosas, yo oro para que él (ella) sea enseñado por ti, porque tu Palabra dice que cuando esto sucede, ellos son guardados en paz. También has dicho: "El temor del Señor es el principio de la sabiduría; los necios desprecian la sabiduría y la instrucción" (Proverbios 1:7 BdlA). Que él (ella) nunca sea insensato y se aleje del aprendizaje, sino más bien que busque en ti el conocimiento que necesita.

Clamo para que él (ella) respete la sabiduría de sus padres y esté dispuesto a ser enseñado(a) por ellos. Que también tenga el deseo de ser instruido por los maestros que tú traigas a su vida. Escoge cada uno, Señor, y que sean personas piadosas de los cuales él (ella) pueda aprender con facilidad. Aleja de su vida cualquier maestro que pudiera ser una mala influencia o crear una experiencia de aprendizaje mala. Que encuentre favor con sus profesores y tenga buena comunicación con ellos. Ayúdale a avanzar en el colegio y a desenvolverse bien en cualquier clase que tome. Hazle suave el camino del aprendizaje y no algo con lo que tenga que afanarse y luchar. Conecta todo en su cerebro según es correcto, para que tenga claridad de pensamiento, organización, buena memoria y fuerte habilidad de aprendizaje.

Yo digo a él (ella) de acuerdo a tu Palabra: "Aplica tu corazón a la enseñanza, y tus oídos a las palabras de sabiduría" (Proverbios 23:12). "...que el Señor te dé entendimiento en todo" (2 Timoteo 2:7). Señor, capacítale a experimentar el gozo de aprender más de ti y tu mundo.

ARMAS DE GUERRA

Todos tus hijos serán enseñados por el Señor;
y grande será el bienestar de tus hijos.

Isaías 54:13 (BdlA)

Oirá el sabio, y aumentará el saber,
y el entendido adquirirá consejo.

Proverbios 1:5

Mi pueblo fue destruido, porque le faltó conocimiento.
Por cuanto desechaste el conocimiento, yo te echaré
del sacerdocio; y porque olvidaste la ley de tu Dios,
también yo me olvidaré de tus hijos.

Oseas 4:6

Retén el consejo, no lo dejes; guárdalo,
porque eso es tu vida.

Proverbios 4:13

Hijo mío, si recibes mis palabras, y atesoras mis
mandamientos dentro de ti, da oído a la sabiduría,
inclina tu corazón al entendimiento; porque si clamas a
la inteligencia, y alzas tu voz al entendimiento, si la
buscas como a plata, y la procuras como a tesoros
escondidos, entonces entenderás el temor del Señor, y
descubrirás el conocimiento de Dios.

Proverbios 2:1-5 (BdlA)

❖❖❖

Capítulo QUINCE

Identificar los dones y talentos dados por Dios

Desde el momento en que mis hijos nacieron, yo oré para que Dios nos revelara los dones, talentos y habilidades que Él les había dado, y que nos mostrara cómo educarlos y desarrollarlos mejor para Su gloria. A una edad muy temprana, ambos demostraron signos de talento musical, así que pregunté a Dios qué debía hacer al respecto y esperé en Él por una respuesta.

Cuando Christopher tenía cuatro años, nos sentimos dirigidos a darle clases de piano. Demostró una habilidad maravillosa, pero después de un par de años no quería practicar. Sin embargo, Dios nos indicó claramente que no sería una buena administradora de los dones dados por Él a mi hijo si yo le dejaba detenerse en ese momento. Así que inventé un incentivo apropiado para mi niño de seis años: le pagaba veinticinco centavos cada vez que practicaba. Este plan de pago tenía que haber sido inspirado por el Espíritu Santo porque hasta que Christopher tuvo doce años nunca más oí una queja acerca de practicar. En aquel momento me sentí en libertad de permitirle dejar de estudiar piano y comenzar las clases de percusión que él quería tomar. Y nunca he tenido que decir que practique con los tambores. De hecho, ¡al contrario!

Hoy día Christopher toca el teclado eléctrico, los tambores, el bajo y la guitarra, pero escribe todas sus canciones y arreglos en el piano. Sus profesores de música dicen que se desenvuelve tan bien porque su conocimiento del piano le ha dado un buen entendimiento básico de la música, lo cual confirma la dirección de Dios a través de todos esos años.

He sentido la misma dirección del Espíritu Santo en mi hija en cuanto a su habilidad de cantar. Puesto que el enemigo quiere usar los dones de nuestros hijos para *su* gloria, o por lo menos mantenerlos alejados de los propósitos de Dios, necesitamos cubrirles en oración. Orar por el desarrollo de los dones y talentos dados por Dios a nuestros hijos, es un proceso continuo.

Hubo un tiempo en la vida de mis dos hijos, entre las edades de doce y catorce, cuando estuvieron atraídos por la música del mundo y por la apariencia y comportamiento inaceptable de ciertos artistas populares. Mi esposo y yo sabíamos que nuestra lucha era con el diablo, no con nuestros hijos, pero también que teníamos que enfrentarnos al asunto y establecer reglas en cuanto a qué música podían oír y cuál no era aceptada. Esto no significa que creamos que nuestros hijos no deben relacionarse con la música del mundo. Pero lo que sea que hagan, tienen que "hacerlo todo para la gloria de Dios" (1 Corintios 10:31), porque el Señor los ha llamado a ello.

Nosotros clamamos para que los ojos de nuestros hijos no estuvieran puestos en el mundo, sino en el llamado de Dios. Oramos que *Él abriera las puertas* por las cuales ellos habrían de pasar y *cerrara aquellas* por las que no podían pasar. Le hemos visto contestar esta oración muchas veces. Por ejemplo, un número de diferentes grupos musicales le pidieron a

Christopher que fuera parte de ellos y que les acompañara en giras. Jamás sentimos paz con ninguno de ellos, en cuanto a ser la situación correcta, ni el tiempo para él. Luego, cuando tuvo dieciocho años, le ofrecieron la oportunidad de producir, escribir, arreglar, y tocar el teclado eléctrico, el bajo y los tambores en un álbum de adoración de Sparrow Records. Sabíamos con claridad que esto era del Señor y una respuesta a nuestras oraciones, ya que sus talentos serían usados para la gloria de Dios. Claro, esto no hace que finalicen nuestras oraciones por este asunto. Mi esposo y yo bien sabemos cómo es el negocio de la música y las tentaciones que hay en la vida de afuera, aun para los artistas cristianos, así que continuaremos orando por la fidelidad de Christopher, en usar sus talentos y su vida para la gloria de Dios.

¿Qué dones y talentos ha sembrado Dios en la vida de *tu* hijo? Todo niño los tiene. Están allí, los puedas ver o no. La Biblia dice: "Cada uno tiene su propio don de Dios, uno a la verdad de un modo, y otro de otro" (1 Corintios 7:7). A veces toma oración para descubrirlos.

Cuando Dios te deja ver el potencial de grandeza de tu hijo(a), estimúlalo(a) y ora por él (ella) para que ésto se materialice. La Biblia dice: "¿Has visto hombre solícito en su trabajo? Delante de los reyes estará; no estará delante de los de baja condición" (Proverbios 22:29). Ora para que tu hijo(a) desarrolle y se destaque en los dones y talentos que Dios le ha dado, y que sepa que tiene un propósito e importancia única en este mundo.

Cada niño tiene dones y aptitudes especiales. Necesitamos orar para que estos sean identificados, revelados, desarrollados, cultivados y usados para la gloria de Dios.

❖❖❖

ORACION

Señor:

Te doy gracias por los dones y talentos que has puesto dentro de (nombre del niño). Te suplico que los desarrolles dentro de ella (él) y los uses para tu gloria. Hazlos obvios a mí y a ella (él), y en específico muéstrame si hay algún cuidado, entrenamiento, experiencia de aprendizaje u oportunidades especiales que debo proveerle. Que sus dones y sus aptitudes sean desarrollados a tu manera y en tu tiempo.

Tu Palabra dice: "De manera que, teniendo diferentes dones, según la gracia que nos es dada, úsese conforme a la medida de la fe" (Romanos 12:6). Al reconocer los talentos y las habilidades que tú le has dado, oro para que ningún sentimiento de incompetencia, de temor o de incertidumbre le impida usarlos conforme a tu voluntad. Que ella (él) oiga el llamado que tú tienes en su vida, para que no pase toda su existencia intentando averiguar cuál es ese llamado o lo pierda del todo. No permitas que su talento se malgaste, que se atenúe por la mediocridad, o que sea usado para la gloria de cualquier otra cosa o persona que no seas tú, Señor.

Imploro que tú le reveles a qué debe dedicar su vida y ayúdale a sobresalir en eso. Bendice el trabajo de sus manos, y que ella (él) pueda ganarse una buena vida desempeñando la labor que ama y efectúa mejor.

Tu Palabra dice que "la dádiva del hombre le ensancha el camino y le lleva delante de los grandes" (Proverbios 18:16). Que lo que ella (él) realice, le haga encontrar favor con otros y sea bien recibido y respetado. Pero más que todo, yo suplico que los dones y talentos que tú has puesto dentro de ella (él) no tengan obstáculos para encontrar su mayor expresión al glorificarte a ti.

ARMAS DE GUERRA

Porque irrevocables son los dones y
el llamamiento de Dios.

Romanos 11:29

Pero a cada uno de nosotros fue dada la gracia
conforme a la medida del don de Cristo.

Efesios 4:7

Cada uno según el don que ha recibido, minístrelo
a los otros, como buenos administradores de
la multiforme gracia de Dios.

1 Pedro 4:10

Toda buena dádiva y todo don perfecto desciende
de lo alto, del Padre de las luces, en el cual
no hay mudanza, ni sombra de variación.

Santiago 1:17

Gracias doy a mi Dios siempre por vosotros, por
la gracia de Dios que os fue dada en Cristo Jesús;
porque en todas las cosas fuisteis enriquecidos en él,
en toda palabra y en toda ciencia; así como el
testimonio acerca de Cristo ha sido confirmado
en vosotros, de tal manera que nada os falta
en ningún don, esperando la manifestación
de nuestro Señor Jesucristo.

1 Corintios 1:4-7

Capítulo dieciséis

Aprender a hablar vida

*U*na tarde después del colegio oí a mi hijo decir un par de malas palabras.

—Ese tipo de lenguaje no es aceptable —le dije —. ¿Por qué estás usando esas palabras si sabes que no debes?

—Los muchachos del colegio hablan así —explicó.

—¿Está bien para ti porque otros lo hacen? —le pregunté. Entonces, dentro de mi próxima frase solté una serie de palabras de cuatro letras las cuales yo usaba antes de conocer al Señor y antes de ser refinada por el Espíritu Santo.

Con una mirada de horror y de espanto él exclamó:

—¡Mami! ¿Por qué estás hablando así?

—Otros hablan así —dije —. ¿Cómo te sientes cuando yo hablo así?

—Me hace sentir horrible.

—Sabes, yo puedo hablar así cuando quiera. Pero yo escojo *no* hacerlo. Cuando yo digo esas palabras te hace sentir mal porque le hace daño a tu espíritu. Cuando *tú* hablas así, le hace daño a *mi* espíritu. Imagínate lo que le hace al Espíritu de Dios. Tú puedes escoger el contristar el Espíritu de Dios con las palabras que dices o glorificarle a Él. Él te va a amar

117

de todas formas, y yo también. Pero una hará daño y la otra bendecirá.

No oí otra vez a Christopher decir palabras así, hasta que fue un adolescente. Entonces revivimos esta conversación. Hasta el día de hoy, yo oro para que él se acuerde de ella.

Yo sé que mi método de enseñanza puede ser escandaloso. A mí también me escandalizó, y le pedí a Dios que me limpiara de la contaminación que sentía, por haber hablado siquiera esas palabras. Pero aquellas palabras no vinieron de mi corazón. Las dije solo para demostrar su capacidad destructora. No estoy recomendando que adoptes mis métodos de enseñanza, sino que aceptes mi experiencia como un ejemplo válido del poder que hay en lo que decimos.

Creamos un mundo para nosotros mismos con lo que hablamos. Las palabras tienen poder, y nosotros podemos hablar vida o muerte a una situación. La Biblia dice que lo que hablamos nos puede *meter* en problemas o nos mantiene *lejos* de ellos. Hasta nos puede salvar la vida. "El que guarda su boca guarda su alma; mas el que mucho abre sus labios tendrá calamidad" (Proverbios 13:3). Tenemos que pedirle a Dios que ponga un seguro sobre nuestra boca así como en la de nuestro hijo.

Expresiones no piadosas ni del Señor, tales como: "No valgo nada", "Quisiera estar muerto", "La vida es terrible", "Jamás seré nada especial", no reflejan un corazón lleno del Espíritu Santo. Refleja la obra de las tinieblas. Y eso es exactamente lo que ha de cumplirse en la vida de tu hijo si no le ayudas a controlar lo que dice.

La Biblia dice que cuando vayamos a estar con el Señor tendremos que dar cuenta de cada palabra ociosa que pronunciamos. Aquí en la tierra también tenemos que pagar las consecuencias. Yo creo que el precio que se debe pagar por algo que puede ser controlado por nuestra propia voluntad es muy alto. Nosotros podemos hablar amor, gozo, y paz a nuestro mundo, o contienda, odio, engaño y todas las demás manifestaciones de maldad.

Nosotros queremos que nuestros hijos hablen vida. Esto no quiere decir que no pueden ser honestos en cuanto a sentimientos negativos. Pero esas palabras deben ser habladas para el propósito de la confesión, el entendimiento, y la sumisión a Dios para sanidad, no para herramientas de destrucción.

Cuando las palabras de nuestros hijos se reflejan en ellos, en otros, en su situación, o en el mundo a su alrededor en forma negativa, tenemos que animarlos a que vean en la Palabra de Dios todo lo que se puede decir mejor. La forma más efectiva de mejorar el habla, es purificando el corazón, "Porque de la abundancia del corazón habla la boca" (Mateo 12:34). Un corazón lleno del Espíritu Santo y de la verdad de la Palabra de Dios ha de producir un hablar piadoso, el cual trae vida al que articula, así como al que oye. He aquí donde nuestro punto de oración debe comenzar.

ORACION

Señor:

Oro que (nombre del niño) escoja usar expresiones que te glorifiquen a ti. Llena su corazón con tu Espíritu y tu verdad, para que lo que se desborde de su boca sean palabras de vida y no de muerte. Coloca un celador sobre su boca, para que toda tentación de blasfemar, o usar palabras negativas, crueles, hirientes, indiferentes, sin amor o sin compasión, perfore su espíritu y haga que él (ella) se sienta incómodo (a). Te suplico que el lenguaje obsceno o sucio sea tan extraño para él (ella), que si palabras de esta clase se encontraran en sus labios, sean como gravilla en su boca y que las rechace. Ayúdale a escucharse para que no pronuncie palabras a la ligera o imprudentemente.

Guárdale de ser enlazado por las palabras de su boca. Tú has prometido que "el que guarda su boca y su lengua, su alma guarda de angustias" (Proverbios 21:23). Ayúdale a guardar su boca y a mantenerse lejos de la adversidad. Tu Palabra dice: "La muerte y la vida están en poder de la lengua, y el que la ama comerá de sus frutos" (Proverbios 18:21). Que él (ella) hable vida y no muerte. Que sea pronto(a) para oír y lento(a) para hablar, para que su lenguaje esté siempre sazonado con gracia. Capacítale para saber cómo, cuándo, y qué hablar a cualquiera en toda situación. Ayúdale a siempre pronunciar palabras de esperanza, salud, exhortación, y de vida, y a hacerse el propósito de no pecar con su boca.

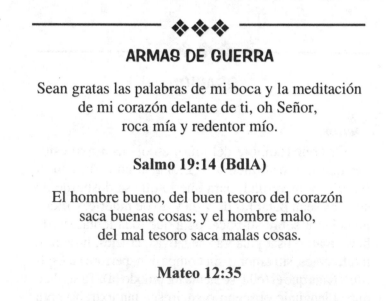

❖❖❖

ARMAS DE GUERRA

Sean gratas las palabras de mi boca y la meditación
de mi corazón delante de ti, oh Señor,
roca mía y redentor mío.

Salmo 19:14 (BdlA)

El hombre bueno, del buen tesoro del corazón
saca buenas cosas; y el hombre malo,
del mal tesoro saca malas cosas.

Mateo 12:35

Mas yo os digo que de toda palabra ociosa que hablen
los hombres, de ella darán cuenta en el día del juicio.
Porque por tus palabras seras justificado,
y por tus palabras seras condenado.

Mateo 12:36-37

Panal de miel son los dichos suaves; suavidad
al alma y medicina para los huesos.

Proverbios 16:24

Hay hombres cuyas palabras son como
golpes de espada; mas la lengua de
los sabios es medicina.

Proverbios 12:18

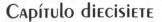

Capítulo diecisiete

Permanecer atraído a la santidad y a la pureza

Los niños que han sido enseñados a vivir en la pureza y la santidad, tienen rostros radiantes inconfundibles y un atractivo que cautiva. La Biblia dice:

Aun el muchacho es conocido por sus hechos, si su conducta fuere limpia y recta.

Proverbios 20:11

Nosotros queremos que nuestros hijos sean conocidos por su bondad. Anhelamos que luzcan atractivos a otros por su pureza. Esto no sucede así no más. Tiene que ser enseñado. Y aunque podemos hacer mucho para enseñar a nuestros hijos acerca de vivir de forma íntegra en los caminos del Señor y educarlos lo mejor que podemos, el maestro verdadero es el Espíritu Santo. La santidad comienza con un amor hacia Él. La Biblia nos instruye: "Consérvate puro" (1 Timoteo 5:22). Esa es una tarea difícil para cualquiera, pero en especial para un niño. Solo se puede lograr por medio de la sumisión total a Dios y a su ley y el poder facultativo del Espíritu Santo.

Cuando mi hijo comenzó el último año de la escuela secundaria, estaba en un colegio nuevo, en un estado y en una cultura diferente; tarea difícil para cualquier joven, no importa cuán firme o piadoso éste sea. Asistía a un pequeño colegio cristiano, privado, por lo que en la primera semana, ya había conocido a todos los muchachos del último curso. Sin embargo, uno de los muchachos resaltaba. Se llamaba Sandy, y era una estrella del deporte, sobresalía en sus estudios, y había recibido premio tras premio por sus logros relevantes. Pero Sandy se distinguía en otra forma más importante: sus palabras y sus acciones reflejaban su respeto profundo por Dios y por sus leyes.

Un día durante el almuerzo, cuando los muchachos estaban juntos, uno de ellos dijo un chiste obsceno y todos se rieron. Todos, menos Sandy. Mi hijo confesó que él también se rió.

—Yo era el muchacho nuevo y no quería que todos pensaran que yo era de otro planeta —nos explicó más tarde con vergüenza.

Lo que Christopher llegó a reconocer pronto, era que Sandy nunca se reía del humor obsceno. No fumaba, bebía ni decía malas palabras. No obstante, asombrosamente, todos le querían y respetaban.

En una ocasión, poco después de una reunión de padres en el colegio, llegué a casa y le conté a Christopher acerca de una mujer maravillosa que allí había conocido.

—Sobresale —le conté—. Es muy cálida y cariñosa, una mujer de Dios con un sentido maravilloso del humor. Y me hizo sentir tan bienvenida, como si la hubiera conocido de siempre. Al proseguir la descripción, mencioné su nombre.

—Esa es la mamá de Sandy —él dijo.

—Por supuesto —respondí—. Debí haber sabido que Sandy tendría padres fuertes, excepcionales, creyentes, y que oran. Ningún niño resulta así por accidente.

Observamos a esa familia durante el último año del colegio de Christopher y vimos cuán excepcional era cada miembro. Entendimos que las personas no se marchitaban por causa de su benevolencia. ¿Por qué? Porque su estilo de vivir, no era un intento legalista de ser perfectos o para impresionar a otros; brotaba de corazones que tenían una reverencia profunda hacia Dios y un deseo de vivir según sus principios, en santidad y en pureza.

Mi hijo ya no está en ese colegio, ni vemos a Sandy o a su familia, porque nuestras vidas han tomado rumbos diferentes. Pero jamás les olvidaremos. Ellos elevaron nuestros principios personales, nos mostraron algo más alto a lo cual aspirar, y nos permitieron ver cuán atractiva es la santidad.

Oremos para que nuestros hijos sean atraídos a la santidad y a la pureza como a un imán, para que cuando algo profano o impuro les tiente, puedan de inmediato detectar la situación y sentirse lo suficiente incómodos como para rechazarla por completo.

> *Pues no nos ha llamado Dios a inmundicia, sino a santificación.*

> 1 Tesalonicenses 4:7

Vivir con pureza dentro de los límites de la ley de Dios, es encontrar integridad en la persona en su totalidad. La santidad se trata de esa integridad. Niños que anhelan la santidad y buscan del poder de Dios para poder lograrla, no podrán llegar a ser menos que bendecidos y cabales.

Sandy vivificó en sí la Escritura que dice:

> *Ninguno tenga en poco tu juventud, sino sé ejemplo de los creyentes en palabra, conducta, amor, espíritu, fe y pureza.*

> 1 Timoteo 4:12

No hay nada más convincente que niños caminando en santidad y pureza. Oremos para que nuestros hijos sean contados entre aquellos.

❖❖❖

ORACIÓN

Señor:

Te imploro que tú llenes a (nombre del niño) con un amor por ti, que sobrepase su amor por cualquier otra cosa o persona. Ayúdala(o) a respetar y reverenciar tus leyes y a entender que han sido establecidas para su beneficio. Que ella (él) pueda ver con claridad que cuando tus estatutos son desobedecidos, la vida no funciona. Esconde tu Palabra dentro de su corazón para que no haya atracción al pecado. Oro para que ella (él) huya del mal, impurezas, pensamientos perversos, palabras y actos impíos, y que sea atraída(o) a lo que es puro y santo. Que Cristo sea formado en ella (él) y ello le impulse a buscar el poder de tu Espíritu Santo, que le capacite para hacer lo correcto.

Tú has dicho: "Bienaventurados los limpios de corazón, porque ellos verán a Dios" (Mateo 5:8). Que un deseo por la santidad que viene de un corazón puro, sea reflejado en todo lo que ella (él) haga. Que sea manifestado también en su apariencia. Te suplico que la ropa que use, la forma de arreglarse el pelo y de adornar su cuerpo y rostro, refleje reverencia y un deseo de glorificarte a ti, Señor.

Donde ella (él) se haya extraviado del camino de santidad, guíale al arrepentimiento y haz obrar en su corazón y en su vida, tu poder purificador. Hazle entender que vivir en pureza trae integridad y bendición, y que la recompensa mayor por ello será el verte a ti.

❖❖❖

ARMAS DE GUERRA

¿Quién subirá al monte del Señor? ¿Y quién podrá estar en su lugar santo? El de manos limpias y corazón puro; el que no ha alzado su alma a la falsedad, ni jurado con engaño. Ese recibirá bendición del Señor y justicia del Dios de su salvación.

Salmo 24:3-5 (BdlA)

Pero en una casa grande, no solamente hay utensilios de oro y de plata, sino también de madera y de barro; y unos son para usos honrosos, y otros para usos viles. Así que, si alguno se limpia de estas cosas, será instrumento para honra, santificado, útil al Señor, y dispuesto para toda buena obra.

2 Timoteo 2:20-21

Todo pámpano que en mí no lleva fruto, lo quitará; y todo aquel que lleva fruto, lo limpiará, para que lleve más fruto.

Juan 15:2

Allí habrá una calzada, un camino, y será llamado
Camino de Santidad; el inmundo no transitará
por él, sino que será para el que ande en ese
camino; los necios no vagarán por él... sino que
por él andarán los redimidos. Volverán los
rescatados del Señor, entrarán en Sion con gritos
de júbilo, con alegría eterna sobre sus cabezas.
Gozo y alegría alcanzarán, y huirán
la tristeza y el gemido.

Isaías 35:8-10 (BdlA)

Hay generación limpia en su propia opinión,
si bien no se ha limpiado de su inmundicia.

Proverbios 30:12

❖ ❖ ❖

Capítulo dieciocho

Orar por todo el cuarto de un niño

Cuando mi hijo tenía alrededor de once años, de repente comenzó a tener pesadillas sin razón aparente. No había visto nada en una película o en la televisión que le asustara, y no mostró síntoma de que algo fuera de lo común le hubiera sucedido. Oramos con él varias veces, pero noche tras noche, los malos sueños persistían.

Mientras oraba al respecto a solas una mañana, le pedí a Dios que me mostrara cuál era la causa de estas pesadillas. Al hacerlo, percibí una fuerte necesidad de ir al cuarto de mi hijo.

"Señor, si hay algo en el cuarto de Christopher que no debiera estar aquí, muéstramelo". De inmediato me sentí dirigida hacia la computadora y a mirar sus juegos. El primer juego que tocaron mis manos era uno que había pedido prestado a un amigo de la iglesia. La parte de afuera de la caja se veía inofensiva por completo; era solo un juego de niños de acción y de aventura. Lo abrí y extraje el pequeño panfleto de instrucciones. Las primeras páginas no revelaron nada fuera de lo común, pero en las de atrás encontré la peor clase de basura satánica. Yo estaba horrorizada, pero dije: "Gracias, Jesús", y de inmediato saqué el juego de su cuarto.

Si hubiera sido propiedad de mi hijo, lo habría destruido de inmediato, pero al ser propiedad de otro niño, llamé a los padres de aquel y les conté acerca de lo encontrado. Estaban tan sorprendidos y ajenos a la situación, como nosotros. Cuando Christopher regresó del colegio, le mostré lo que había descubierto. Me dijo que no había avanzado tanto en el juego todavía, y que no se había percatado de lo que había en él. No vaciló en devolverlo.

Cuando mi esposo regresó a casa, ungimos el cuarto de nuestro hijo con aceite y oramos profundamente por toda la habitación. Nosotros sabíamos que la Biblia decía: "El yugo se pudrirá a causa de la unción" (Isaías 10:27). Y aunque la mayor parte de los ejemplos bíblicos de esto son personas siendo ungidas, también hay ejemplos de edificios o cuartos recibiendo unción para ser santificados. "Y tomarás el aceite de la unción y ungirás el tabernáculo, y todo lo que está en él; y lo santificarás con todos sus utensilios, y será santo" (Éxodo 40:9). Puesto que queremos romper cualquier yugo del enemigo y limpiar el aposento de nuestro hijo de todo lo impuro, ungimos el dintel de la puerta y oramos por su cuarto, invitando al Espíritu Santo a morar allí y a desplazar cualquier cosa que no fuera de Dios.

La prueba de que habíamos hecho lo correcto fue que las pesadillas de Christopher cesaron súbitamente; así como habían comenzado.

La casa de todos necesita una limpieza espiritual de vez en cuando, en especial los recintos donde nuestros hijos duermen y juegan. La Biblia dice que si traemos a nuestra casa cualquier cosa abominable, junto con eso acarreamos destrucción. Una limpieza santa debe efectuarse periódicamente como un asunto de principio, pero definitivamente, siempre que te sientas angustiada por algo relacionado con tu hijo. Si se está tornando miedoso, rebelde, iracundo, deprimido, distanciado, extraño, con problemas de disciplina, o teniendo malos sueños y pesadillas, a veces con solo orar por todo el cuarto, las cosas pueden cambiar muy rápido. Cantar canciones, himnos y coros cristianos de adoración dentro del cuarto también es muy efectivo. He visto un cambio en el espíritu de mis hijos, después que hice algo así.

Conozco unos padres que libraron una batalla contra una considerable fortaleza de alcohol, drogas, rebelión e involucración en lo oculto, que el enemigo había edificado en su hijo de dieciséis años, dejando escuchar grabaciones de canciones cristianas de adoración y la Palabra de Dios en su cuarto, mientras él estaba en el colegio. Su rebeldía al fin fue derrotada y se convirtió en una persona piadosa y de paz.

Cuando ores por todo el cuarto de tu hijo, quita cualquier cosa que no glorifique a Dios: carteles, libros, revistas, dibujos, fotos, juegos, o artículos de ropa representando el uso de drogas, alcohol o cualquier clase de blasfemia. Es obvio que la Palabra de Dios en cuanto a esto debe ser explicada a tu hijo con amor y, si es posible, él mismo deber ser animado a quitar los artículos ofensivos. Explícale que por su propia paz y bendición él tiene que limpiar su cuarto de cualquier cosa que no sea del Señor. Entonces ora por todo el cuarto. Como resultado, he visto producirse transformaciones milagrosas.

Esto no es un pequeño ritual de superstición. Es un poderoso clamor a Dios por tu hogar, tu hijo, y todos los aspectos de su vida. Es ponerse de pie y proclamar:

Pero yo y mi casa serviremos al Señor.

Josué 24:15 BdlA

Es decir: "Mi casa es santificada y separada para la gloria de Dios".

Comencemos nuestra limpieza espiritual del hogar orando por los cuartos de nuestros hijos aun *antes* de que surja la necesidad.

------------------ ❖❖❖ ------------------

ORACIÓN

Señor:

Yo invito a tu Espíritu Santo a que more en este cuarto, el cual pertenece a (nombre del niño). Tú eres Señor del cielo y de la tierra, y yo proclamo que lo eres de este cuarto también. Inúndalo con tu luz y tu vida. Desplaza cualquier oscuridad que busca imponerse en este sitio, y no permitas que ningún espíritu de temor, depresión, enojo, duda, ansiedad, rebelión, u odio (menciona cualquier cosa que has visto manifestarse en el comportamiento de tu hijo), encuentre lugar aquí. Te suplico que algo que no sea traído por ti, no pueda entrar a este cuarto. Si hay algo en esta habitación que no deba estar, muéstramelo para que pueda ser removido.

Establece tu completa protección sobre este recinto para que el mal no pueda entrar aquí por ningún medio. Llénalo con tu amor, paz, y gozo. Oro para que mi hijo diga, como David: "En la integridad de mi corazón andaré en medio de mi casa. No pondré delante de mis ojos cosa injusta" (Salmo 101:2-3). Imploro que tú, Señor, hagas de este cuarto un lugar bendito, santificado para tu gloria.

❖❖❖

❖❖❖

ARMAS DE GUERRA

Y no traerás cosa abominable a tu casa,
para que no seas anatema.

Deuteronomio 7:26

Lavaos y limpiaos; quitad la iniquidad de
vuestras obras de delante de mis ojos;
dejad de hacer lo malo.

Isaías 1:16

Así que, amados, puesto que tenemos tales
promesas, limpiémonos de toda contaminación
de carne y de espíritu, perfeccionando
la santidad en el temor de Dios.

2 Corintios 7:1

Ten piedad de mí, oh Dios, conforme a tu misericordia;
conforme a la multitud de tus piedades borra
mis rebeliones. Lávame más y más de mi
maldad, y límpiame de mi pecado.

Salmo 51:1-2

La maldición del Señor está sobre la casa
del impío, pero Él bendice
la morada del justo.

Proverbios 3:33 (BdlA)

Capítulo diecinueve

Disfrutar la libertad del temor

De niña, el temor era un estilo de vida para mí, porque yo vivía con una madre enferma mental. Su comportamiento irregular, caprichoso y abusivo era una fuente constante de terror. Ya de adulta, al conocer al Señor, aprendí a identificar la fuente *verdadera* del temor y a batallar contra ella. He utilizado las mismas tácticas en favor de mis hijos.

En Los Ángeles atravesamos terremotos, fuegos, inundaciones, disturbios, y crimen constante. De haberlo permitido, el temor habría tomado control de nuestras vidas. De hecho, oramos tantas veces por el temor y la protección, que este clamor formó parte de cada oración. Siempre que yo veía que el espanto comenzaba a apoderarse con fuerza de mis hijos, nosotros orábamos, leíamos la Biblia, cantábamos himnos y coros de adoración, y entonábamos música cristiana. Desde que nos mudamos a otra zona, no hemos tenido que lidiar diariamente con esa clase de temor, pero las lecciones aprendidas acerca del perfecto amor de Dios echando fuera el temor, han sido grabadas en nuestros corazones para siempre.

El pánico es algo que viene sobre nuestras vidas, en el momento que no creemos que Dios puede mantenernos a salvo, a nosotros, y a todo lo que nos interesa. El TEMOR, o Tener Evidencia Mentirosa que al Observar parece Real, ataca con facilidad a los niños porque ellos no pueden discernir siempre entre lo real y lo que no lo es. Nuestro consuelo, tranquilidad y amor les puede *ayudar*; pero orar, hablar la Palabra de Dios en fe, y alabar a Dios por su amor y su poder, les puede hacer *libres*.

Cuando Jesús estaba en el mar con sus discípulos y se levantó una tormenta, Él respondió al pavor que manifestaban diciendo: "¿Por qué teméis, hombres de poca fe?" (Mateo 8:26). Él quiere que nosotros, al igual que ellos, creamos que nuestra barca no se va a hundir si Él nos acompaña en ella.

Sin embargo, hay momentos en los que el temor es más que una emoción pasajera. Puede aferrarse con tal fuerza e irracionalmente al corazón de un niño, que no hay acciones ni palabras que lo puedan alejar. Cuando eso sucede, el niño está siendo acosado por un espíritu de temor. Y la Biblia nos dice con claridad que un espíritu de esta clase no viene de parte Dios. Procede del enemigo de nuestra alma.

A través de Jesucristo, los padres tienen la autoridad de resistir en representación de sus hijos, aquel espíritu de temor. El *temor* no tiene poder sobre *ellos*. *Nosotros* tenemos poder sobre *él*. Jesús nos ha dado autoridad sobre *todo* el poder del enemigo (Lucas 10:19). No seas engañado a creer lo contrario. Si el temor continúa después de haber orado, pide a otros dos fuertes creyentes que oren contigo. Donde haya dos o más reunidos en el nombre del Señor, Él está ahí en medio de ellos (Mateo 18:20). El temor y la presencia de Dios no pueden ocupar el mismo lugar.

Puesto que tenemos a Jesús, nosotros y nuestros hijos jamás tendremos que vivir con un espíritu de temor o aceptarlo como un estilo de vida.

ORACIÓN

Señor:

Tu Palabra dice: "Busqué al Señor, y Él me respondió, y me libró de todos mis temores" (Salmo 34:4 BdlA). Yo busco de ti en este día, creyendo que me oyes, y te suplico que liberes a (nombre del niño) de cualquier temor que amenace apoderarse de ella (él). Tú has dicho que "no nos has dado espíritu de cobardía, sino de poder, de amor y de dominio propio" (2 Timoteo 1:7). Inúndale con tu amor y aleja de ella (él) cualquier miedo o duda. Hazle sentir tu presencia amorosa sobrepasando cualquier temor que pudiera amenazar con apoderarse de ella (él). Ayúdale a depender de tu poder de tal forma, que establezca una confianza y una fuerte fe en ti. Proporciónale una mente tan sana que ella (él) pueda reconocer cualquier evidencia falsa que el diablo le presente y la identifique como algo sin base concreta.

Dondequiera que haya un peligro real o una buena razón para temer, dale sabiduría a ella (él), protégele, y acércale a ti. Ayúdale a no negar sus temores, sino llevarlos a ti en oración y buscar liberación de ellos. Yo oro para que ella (él) se acerque a ti, tu amor penetre su vida y desplace todo temor. Siembra tu Palabra en su corazón. Que la fe sea arraigada en su mente y en su alma mientras ella (él) crece en tu Palabra.

Señor, gracias por tu promesa de librarnos de todos nuestros temores. En este día yo oro en el nombre de Jesús, en representación de mi hijo, por la libertad del temor.

ARMAS DE GUERRA

¡Cuán grande es tu bondad, que has guardado
para los que te temen, que has mostrado a los que
esperan en ti, delante de los hijos
de los hombres!

Salmo 31:19

No temas, porque yo estoy contigo; no desmayes,
porque yo soy tu Dios que te esfuerzo; siempre
te ayudaré, siempre te sustentaré con
la diestra de mi justicia.

Isaías 41:10

Con sus plumas te cubrirá, y debajo de sus alas
estarás seguro; escudo y adarga es su verdad.
No temerás el terror nocturno, ni saeta que vuele
de día. Ni pestilencia que ande en oscuridad,
ni mortandad que en medio del día destruya.

Salmo 91:4-6

El Señor es mi luz y mi salvación; ¿de quién temeré
El Señor es la fortaleza de mi vida;
¿de quién tendré temor?

Salmo 27:1 (BdlA)

Los lazos de la muerte me cercaron, y los torrentes
de iniquidad me atemorizaron; los lazos del Seol
me rodearon; las redes de la muerte surgieron ante mí.
En mi angustia invoqué al Señor, y clamé a mi Dios;
desde su templo oyó mi voz, y mi clamor delante
de Él llegó a sus oídos.

Salmo 18:4-6 (BdlA)

En el amor no hay temor, sino que el perfecto
amor echa fuera el temor; porque el temor lleva
en sí castigo. De donde el que teme, no
ha sido perfeccionado en el amor.

1 Juan 4:18

Capítulo veinte

Recibamos dominio propio

*E*l mundo y el diablo pretenden por todos los medios, controlar la mente de tu hijo. La buena noticia es que tú tienes la autoridad para resistir esos esfuerzos. Si tu hijo es joven, tienes la autoridad sobre lo que él deja entrar *en* su mente; la televisión, las películas y los videos que mira, los programas de radio, los casetes y los discos compactos que escucha, los libros y las revistas que lee. También puedes hacer mucho para ayudar a tu hijo a llenar su mente con música, palabras e imágenes piadosas. Pero lo más importante de todo es el poder de la oración que te ha sido dado. Por lo tanto, aunque tu hijo esté fuera de tu influencia diaria, puedes orar para que su mente esté sana, protegida y libre.

Una de las tantas cosas maravillosas al recibir a Jesús y ser lleno del Espíritu Santo, es que junto a todas las demás bendiciones, adquirimos la estabilidad y el dominio propio que no es posible conseguir otra forma. La razón es que se nos da la mente de Cristo. La Biblia dice: "Haya, pues, en vosotros este sentir que hubo también en Cristo Jesús" (Filipenses 2:5). Podemos resistir la mentalidad del mundo y permitir que su mente esté en control, así como renovar nuestros intelectos de continuo, llevando todo pensamiento cautivo.

Desde comienzos de sus veinte años de edad y hasta su muerte a los sesenta y siete años, mi mamá padeció una enfermedad mental. Pude ser testigo presencial de lo que es para alguien vivir en un mundo de fantasía y no tener control sobre los pensamientos que vienen a su mente. Fue una experiencia aterradora. Cuando conocí al Señor, oraba con frecuencia para que ninguno de mis hijos ni yo heredáramos ninguna inestabilidad mental. Siempre que me preocupaba decía:

Porque no nos ha dado Dios espíritu de cobardía, sino de poder, de amor y de dominio propio.

2 Timoteo 1:7

Muchas veces he dicho: "Dios me ha dado *dominio propio*. También se lo ha dado a mis hijos. No aceptaré nada menos que eso".

La enfermedad mental no tiene que ser heredada de generación en generación, y el desequilibrio mental no es la voluntad de Dios para nuestros hijos. Ni tampoco lo es, un pensamiento confuso o inestable.

Gran parte del dominio propio, está estrechamente vinculado con lo que entra a nuestra mente. Si dejamos que penetre lo que hay afuera en el mundo, esto trae confusión. Impregnar nuestro intelecto con las cosas de Dios, en especial su Palabra, implica claridad de pensamiento y paz mental. La Biblia dice:

Dios no es Dios de confusión, sino de paz.

1 Corintios 14:33

Tenemos que hacer lo posible para asegurarnos de que nuestros hijos tienen la Palabra de Dios en sus mentes, de modo que la confusión sea desplazada y reine el dominio propio.

Dios nos ha *dado dominio propio* ¿Por qué hemos de aceptar algo menos para nuestros hijos? Pídelo a Dios.

ORACIÓN

Señor:

Gracias por prometernos dominio propio. Yo reclamo esa promesa para (nombre del niño). Oro para que su mente sea clara, alerta, brillante, inteligente, estable, en paz y despejada. Clamo para que no haya confusión, ofuscación y ningún pensamiento desequilibrado, disperso, desorganizado o negativo. Oro para que su mente no esté llena de pensamientos complejos o confusos. Sino, proporciónale claridad de mente para que pueda enfocar correctamente sus pensamientos en todo momento. Dale la habilidad de hacer decisiones claras, de poder entender todo lo que él (ella) necesita saber, y poder poner su atención en lo que precisa hacer. Yo hablo sanidad en el nombre de Jesús donde ahora exista cualquier desequilibrio, daño o disfunción mental. Que sea renovado(a) en el espíritu de su mente (Efesios 4:23) y que tenga la mente de Cristo (1 Corintios 2:16).

Yo oro para que él (ella) ame al Señor con todo su corazón, su alma, y su mente, de tal manera, que no haya cabida en él (ella) para las mentiras del enemigo o el clamor del mundo. Que la Palabra de Dios sea arraigada en su corazón y llene su mente con cosas verdaderas, honestas, justas, puras, amables, de buen nombre, virtuosas, y dignas de alabanza (Filipenses 4:8). Hazle entender que todo lo que entre en su mente se hace parte de él (ella), para que valore cuidadosamente lo que ve y oye.

Tú has dicho: "Tú guardarás en completa paz a aquel cuyo pensamiento en ti persevera; porque en ti ha confiado" (Isaías 26:3). Te imploro que su fe en ti crezca a diario, para que pueda vivir para siempre en paz y sanidad mental.

ARMAS DE GUERRA

No os conforméis a este siglo, sino transformaos por medio de la renovación de vuestro entendimiento, para que comprobéis cual sea la buena voluntad de Dios, agradable y perfecta.

Romanos 12:2

Por nada estéis afanosos, sino sean conocidas vuestras peticiones delante de Dios en toda oración y ruego, con acción de gracias. Y la paz de Dios, que sobrepasa todo entendimiento, guardará vuestros corazones y vuestros pensamientos en Cristo Jesús.

Filipenses 4:6-7

Porque las armas de nuestra milicia no son carnales, sino poderosas en Dios para la destrucción de fortalezas, derribando argumentos

y toda altivez que se levantan contra el
conocimiento de Dios, y llevando cautivo todo
pensamiento a la obediencia a Cristo.

2 Corintios 10:4-5

Porque el ocuparse de la carne es muerte,
pero el ocuparse del Espíritu es vida y paz.

Romanos 8:6

Esto, pues, digo y requiero en el Señor: que ya no
andéis como los otros gentiles, que andan en
la vanidad de su mente, teniendo el entendimiento
entenebrecido, ajenos de la vida de Dios por
la ignorancia que en ellos hay, por
la dureza de su corazón.

Efesios 4:17-18

Capítulo veintiuno

Invitemos al gozo del Señor

*U*na joven adolescente vino a mí con ojos tristes, el ceño fruncido, y una cara de dolor y tensión. Durante la próxima hora compartió conmigo el sufrimiento de su vida, llorando mientras hablaba. Estaba sintiendo casi toda la emoción negativa imaginable, incluyendo pensamientos de suicidio. Oré con ella por cada asunto de preocupación y entonces le pedí a Dios que le diera "gloria en lugar de ceniza, óleo de gozo en lugar de luto, manto de alegría en lugar del espíritu angustiado" (Isaías 61:3).

Cuando terminamos, me quedé asombrada por el cambio en su rostro. La expresión sin gozo y de tortura había sido reemplazada por una belleza radiante y calmada. Un espíritu de gozo había comenzado a arraigarse, y parecía otra persona. Desde entonces yo he visto a esta joven florecer con tal aplomo y belleza, que resulta atractiva a todo el que está a su alrededor.

Es algo triste, el que hoy día muchos jóvenes sufran depresión. Y lo peor del caso es que arrastran esta condición hasta la edad adulta. Esto va y viene, colocando un peso aplastante sobre sus vidas, disgusto en sus relaciones, afectando sus trabajos, arruinando su salud, y hasta afectando la imagen que tienen de Dios.

Esto no tiene que suceder. No importa qué clase de experiencia una persona haya tenido, no hay razón para vivir con depresión o con cualquier otra emoción negativa. No permitas que a tu hijo le corresponda quedarse con una personalidad triste, deprimida, enojada, malhumorada o difícil. Ora para que sea libre de ello.

Es fácil detectar quiénes llevan emociones negativas en su interior y quiénes tienen un espíritu de gozo. Es algo evidente, en especial en los niños, porque ellos no tienen la habilidad de esconder sus emociones, como nosotros aprendemos a hacerlo de adultos.

Observa bien a tu hijo. La expresión normal de su cara, ¿refleja paz, felicidad y gozo? ¿O es una de angustia, frustración, descontento, enojo, depresión o tristeza? ¿Alguna vez tu hijo ha tenido una actitud negativa por alguna razón obvia? ¿En ocasiones se ve deprimido o temperamental y aun no puede explicar el por qué? Toma control de esa situación antes de que se vuelva un hábito. Las emociones negativas crean costumbre, si no se les ponen fin orando para que un espíritu de gozo alcance a nuestros hijos.

Ni por un momento creas que por el hecho de orar, para que el gozo del Señor llene a tu hijo, tú estás forjando en él, a alguien superficial sin compasión por los sufrimientos de los demás. Esto jamás sucederá. El gozo del Señor es rico, profundo y provoca que cualquiera que camina en él, sea de esta condición. Por ello el gozo no tiene nada que ver con circunstancias felices; sino con mirar el rostro de Dios y saber que Él es todo lo que necesitaremos.

No estoy diciendo que tu hijo jamás debe experimentar una emoción negativa o demostrar dolor vehemente. Me refiero a que las emociones negativas no deben ser un estilo de vivir. Estoy declarando que debemos mirar al Señor porque "Él sacó a su pueblo con gozo" (Salmo 105:43). Así mismo, Él sacará hacia adelante a nuestros hijos, si se lo pedimos.

ORACIÓN

Señor:

Oro para que a (nombre del niño) le sea dado el regalo del gozo. Que el espíritu de gozo se levante dentro de su corazón en este día y que ella (él) conozca la plenitud del mismo, que sólo se encuentra en tu presencia. Ayúdale a entender que la felicidad y el deleite verdadero se encuentran sólo en ti.

Siempre que las emociones negativas se apoderen de ella (él), rodéale con tu amor. Enséñale a decir, "Este es el día que el Señor ha hecho; regocijémonos y alegrémonos en él" (Salmo 118:24 BdlA). Líbrale del desespero, depresión, soledad, desánimo, enojo o del rechazo. Que estas actitudes negativas no tengan lugar en (nombre del niño), ni sean una parte perdurable en su vida. Que ella (él) decida en su corazón, "Y mi alma se regocijará en el Señor; en su salvación se gozará" (Salmo 35:9 BdlA).

Señor, yo sé que cualquier emoción negativa que este niño sienta es una mentira, contraria a la verdad de tu Palabra. Siembra tu Palabra con firmeza en su corazón y aumenta su fe cada día. Ayúdalo a permanecer en tu amor y a obtener fuerza del gozo del Señor hoy y para siempre.

❖❖❖

ARMAS DE GUERRA

Si guardareis mis mandamientos, permaneceréis en
mi amor; así como yo he aguardado los mandamientos
de mi Padre, y permanezco en su amor. Estas cosas
os he hablado, para que mi gozo esté en vosotros,
y vuestro gozo sea cumplido.

Juan 15:10-11

Me mostrarás la senda de la vida; en tu presencia hay
plenitud de gozo; delicias a tu diestra para siempre.

Salmo 16:11

Y el Dios de esperanza os llene de todo gozo y paz en el
creer, para que abundéis en esperanza por el poder del
Espíritu Santo.

Romanos 15:13

Porque un momento será su ira, pero su favor dura
toda la vida. Por la noche durará el lloro,
y a la mañana vendrá la alegría.

Salmo 30:5

En gran manera me gozaré en el Señor, mi alma se
regocijará en mi Dios; porque Él me ha vestido de
ropas de salvación, me ha envuelto en manto de
justicia como el novio se engalana con una
corona, como la novia se adorna con sus joyas.

Isaías 61:10 (BdlA)

❖❖❖

Capítulo veintidós

Destruyamos la herencia de atadura de familia

Todos sabemos que podemos heredar los ojos de nuestra madre, la nariz de nuestro padre, o el color del pelo de nuestra abuela. Pero, ¿sabías que también podemos heredar un mal temperamento, ser dado a la mentira, depresión, auto-compasión, envidia, falta de perdón, perfeccionismo, y al orgullo? Estas y otras características arraigadas que tienen también una base espiritual, pueden ser transferidas de nuestros padres a nosotros, y de nosotros a nuestros hijos. En una familia en particular puede darse la tendencia hacia cosas tales como el divorcio, enfermedad continua, infidelidad, alcoholismo, adicción, suicidio, depresión, rechazo, o el ser propenso a accidentes. Todo lo mencionado es en general atribuido por equivocación "al destino" o a "mi forma de ser".

Oímos a las personas decir: —Estas cosas solo le suceden a mi familia.

Algunas de las cosas que aceptamos acerca de nosotros y de nuestras vidas son en realidad ataduras de familia, puesto que los niños pueden heredar las consecuencias de los pecados de sus antepasados. La Biblia dice que Dios "visita la maldad de los padres sobre los hijos hasta la tercera y cuarta generación de los que me aborrecen" (Éxodo 20:5). Esta Escritura hace referencia a aquellos que no andan en una relación de amor con Dios. Pero, ¿cuántos de nuestros antepasados no caminaron con Dios y cuántas veces hemos sido desobedientes a Él? El punto es que todos calificamos para el juicio en este verso, pero por la gracia de Dios, por medio de Jesucristo, no tenemos que sufrirlo. El mismo verso que sigue, dice que Dios muestra misericordia "a los que me aman y guardan mis mandamientos" (Éxodo 20:6).

A diferencia de los rasgos físicos, las tendencias espirituales es algo que no estamos obligados a recibir. La razón de esto es, que por lo general, ellas no son más que la aceptación sin resistencia de una mentira firmemente afianzada por el enemigo. Podemos escoger desprendernos de ellas, por medio de la oración y del poder del Espíritu Santo.

Cuando vemos cosas de nosotros que nos desagradan reflejadas en nuestros hijos, podemos hacer algo al respecto. Y si hemos observado estos rasgos en nuestros padres y abuelos, podemos tomar un cuidado *especial* para orar en específico por romper esta atadura generacional. Por ejemplo, en familias donde el divorcio es un patrón que se repite, un niño va a crecer creyendo la mentira de que el mismo es la forma de escape cuando las cosas se ponen difíciles en una relación matrimonial. Pero las mentiras de un espíritu de divorcio pueden resultar sin poder, al ser expuestas al poder de Dios y a la verdad de su Palabra.

Unos años atrás le pregunté a mi consejero cristiano:

—Si Dios, por medio de su misericordia nos ha salvado, y el Espíritu Santo nos ha lavado y renovado, y por gracia somos hechos justos, entonces, ¿por qué sigo batallando con el pecado?

—Es porque el pecado no ha sido confesado, o tú estás escogiendo seguir practicándolo —él respondió.

—Me da vergüenza sacar de nuevo este tema a relucir —dije—, pero aun no he perdonado a varios miembros de la familia por cosas sucedidas en el pasado. ¿Por qué no puedo ir más allá de esto?

—Tu madre fue una persona que no perdonaba, ¿verdad? —dijo.

—Muy cierto. No perdonaba casi a ningún miembro de la familia. Por eso se distanció de la mayoría de ellos. Por la misma razón tuvo pocos amigos; hacía que se alejaran con su falta de perdón por las transgresiones más mínimas.

—¿Alguna vez te has puesto a pensar en la posibilidad de haber heredado en tu personalidad la tendencia a no perdonar? Los hijos recogen lo que sus padres son —sugirió.

Jamás había pensado en la posibilidad de que hubiera algo fuera de mi mente, empujándome a mantenerme encerrada en la falta de perdón, pero mientras más pensaba en ello, más recordaba ver esa característica seriamente manifestada en otros miembros de la familia. Puede afirmarse que cada familia tiene que lidiar con esto en algún momento, pero la mayoría pasa por esa experiencia sin dejar que un desacuerdo, discusión o transgresión, cause un rompimiento mayor en los vínculos afectivos.

—Yo sé que esto no me exime de la responsabilidad de perdonar, pero sí veo un patrón en mi familia —le dije—. Y lo que más me asusta es que puede repetirse en mis propios hijos. Veo que siguen aferrados a la falta de perdón mutua, por acontecimientos pasados. Me duele el corazón de pensar que al crecer y marcharse del hogar, o después que mi esposo y yo nos hayamos ido con el Señor, no quisieran saber nada el uno del otro. estoy consciente de la necesidad de librarme de esto, tanto por ellos como por mí misma.

Aquel día el consejero y yo oramos para que el pecado de la falta de perdón en mi familia no fuera transferido de generación en generación, sino que se desvaneciera por el poder del Espíritu Santo. Declaré la verdad de la Palabra de Dios que dice que soy una nueva creación en Cristo y no tengo que vivir de acuerdo a los hábitos y pecados del pasado.

Por medio de esta revelación decidí confesar la falta de perdón en el momento que apareciera, aunque eso implicara tener que hacerlo cada hora. Oré, y aún oro, para que Dios me haga un ser que perdona. Lo más fácil del mundo es encontrar un motivo para no perdonar. Es tarea de fuertes estar dispuestos a pasar por alto un asunto y concentrarse en el Señor.

Mientras más he practicado el perdón por medio de la confesión, el arrepentimiento y la oración delante de Dios, he ido experimentando liberación de ello, en mis hijos. Y la relación entre ambos ha mejorado. Claro, la habilidad de perdonar de mis hijos, no depende de mí. Es decisión de ellos. Pero tengo la esperanza de que verán el modelo del perdón lo suficientemente claro como para facilitarles su decisión de perdonar.

Una buena forma de ver una atadura de familia *romperse* en tu hijo, es verla rota en ti primero. El mejor comienzo es identificar cualquier pecado en tu vida. Dondequiera que haya pecado, existe un espíritu detrás de él. Si se le da lugar a esa falta una y otra vez, el espíritu asociado se afianzará más y más. Por ejemplo, una mentira es un pecado y está acompañada por un espíritu mentiroso. Al engañar de continuo, ese espíritu mentiroso va ganando terreno y pronto el mentir se escapa al control. Otro ejemplo es el desear morir. Esto es un pecado y detrás se esconde, un espíritu de suicidio. Cuando alguien dice "Quiero morirme" muchas veces, el espíritu mencionado se adhiere a su mente, y dentro de poco es asediado con pensamientos de suicidio. Si reconoces un área de tu vida en la que has pecado o no has vivido según los caminos de Dios, arrepiéntete de inmediato yendo delante del Señor y confesándolo. Pídele perdón y di: "Dios, sé que *tú* estás en control y me ayudas a no vivir más de esa forma".

El próximo paso es identificar cualquier atadura en tus padres o abuelos, que sientas pueda estar afectándote a ti o a tus hijos, y ora también al respecto. La Biblia dice:

> *Pues no habéis recibido el espíritu de esclavitud para estar otra vez en temor, sino que habéis recibido el espíritu de adopción, por el cual clamamos: ¡Abba, Padre! El Espíritu mismo da testimonio a nuestro espíritu, de que somos hijos de Dios. Y si hijos, también herederos; herederos de Dios y coherederos con Cristo.*

Romanos 8:15-17

Queremos ser herederos de Dios, no del pecado de nuestra familia.

En el nombre de Jesús podemos ser libres de cualquier atadura familiar, y por el poder del Espíritu Santo rehusar permitirle cualquier espacio en las vidas de nuestros hijos. Si puedes pensar en cualquier característica de familia que no quieres que tus hijos hereden, comienza a orar ahora.

❖❖❖

ORACIÓN

Señor:

Tú has dicho en tu Palabra que el hombre bueno dejará herencia a los hijos de sus hijos (Proverbios 13:22). Yo oro para que la herencia que yo deje a mis hijos sea las recompensas de una vida piadosa y un corazón limpio delante de ti. Para asegurarme de que eso suceda, pido que cualquier tipo de atadura en mí, heredada de mi familia y aceptada como mía, en el nombre de Jesús me libres de ella ahora. Te confieso en este momento los pecados de mi familia. Ni siquiera sé cuáles son todos, pero tú si lo sabes. Pido perdón y restauración. También confieso mis propios pecados a ti y pido perdón, sabiendo que tu Palabra dice: "Si confesamos nuestros pecados, él es fiel y justo para perdonar nuestros pecados, y limpiarnos de todo maldad" (1 Juan 1:9). Sé que limpiarnos del pecado por medio de la confesión, elimina la posibilidad de transferir las consecuencias del mismo a mi hijo.

Jesús dijo: "He aquí os doy potestad ... sobre toda fuerza del enemigo" (Lucas 10:19). Si existe obra alguna del enemigo en el pasado de mi familia, que busca invadir la vida de mi hijo (nombre del niño), lo arruino ahora por el poder y la autoridad dada a mí, en Cristo Jesús. En específico oro por (menciona algo que reconoces en ti o en tu familia que no deseas ver en tu hijo). Yo rechazo como pecado, cualquier cosa que no sea tu voluntad para nuestras vidas.

Jesús, gracias porque tú viniste a libertarnos del pasado. Rehusamos vivir atados por él. Padre, gracias porque nos has hecho "aptos para participar de la herencia de los santos en luz" (Colosenses 1:12). Oro para que mi hijo (hija) no herede ninguna atadura de su familia terrenal, sino que herede "el reino preparado para él (ella) desde la fundación del mundo" (Mateo 25:34). Gracias, Jesús, porque en ti lo viejo ha pasado y todo ha sido hecho nuevo.

ARMAS DE GUERRA

Estad, pues, firmes en la libertad con que Cristo
nos hizo libres, y no estéis otra vez sujetos
al yugo de esclavitud.

Gálatas 5:1

Bendito el Dios y Padre de nuestro Señor Jesucristo,
que según su grande misericordia nos hizo renacer
para una esperanza viva, por la resurrección de
Jesucristo de los muertos, para una herencia
incorruptible, incontaminada e inmarcesible, reservada
en los cielos para vosotros, que sois guardados por
el poder de Dios mediante la fe, para alcanzar
la salvación que está preparada para ser
manifestada en el tiempo postrero.

1 Pedro 1:3-5

El Espíritu del Señor Dios está sobre mí, porque
me ha ungido el Señor para traer buenas nuevas
a los afligidos; me ha enviado para vendar a los
quebrantados de corazón, para proclamar libertad
a los cautivos y liberación a los prisioneros.

Isaías 61:1 (BdlA)

De modo que si alguno está en Cristo, nueva
criatura es; las cosas viejas pasaron;
he aquí todas son hechas nuevas.

2 Corintios 5:17

Porque nosotros también éramos en otro tiempo
insensatos, rebeldes, extraviados, esclavos de
concupiscencias y deleites diversos, viviendo
en malicia y envidia, aborrecibles, y aborreciéndonos
unos a otros. Pero cuando se manifestó la bondad de
Dios nuestro Salvador, y su amor para con los
hombres, nos salvó, no por obras de justicia que
nosotros hubiéramos hecho, sino por su misericordia,
por el lavamiento de la regeneración y por la
renovación en el Espíritu Santo, el cual derramó
en nosotros abundantemente por Jesucristo nuestro
Salvador, para que justificados por su gracia,
viniésemos a ser herederos conforme a
la esperanza de la vida eterna.

Capítulo veintitrés

Evitar el alcohol, las drogas y otras adicciones

Satanás anhela a nuestros hijos, e intentará conseguirlos por cualquier medio. El alcohol, las drogas, y otras adicciones son algunos de sus cebos más exitosos. De hecho, el ataque contra nuestros hijos es tan fuerte que ellos no lo pueden resistir sin nuestro apoyo. La buena noticia es que *con* nuestro respaldo, cubierta de oración y enseñanza, ellos sí pueden estar firmes.

Nunca es demasiado temprano para comenzar a orar por nuestros hijos, de modo que eviten el alcohol y las drogas, porque el ser expuestos a ellas y la posibilidad de adicción a estas sustancias, puede suceder a una edad muy temprana. Tampoco es demasiado tarde para clamar también por ello, porque la tentación sobreviene en cualquier momento de la vida. Conozco a alguien que no fue alcohólico sino hasta la edad de los cincuenta. Él reconoció que tenía una debilidad por el alcohol, pero no cedió a ella hasta que estaba en una pequeña cena donde el licor estaba siendo servido. Probó un poco, y cuando fue a casa no dejó de tomar. Quizás de haber tenido un padre que orara por él o un grupo de oración intercediendo por su vida, esto jamás hubiera sucedido.

He visto muchos ministerios cristianos de música desmoronarse por el alcohol y las drogas. Estas personas están al frente del campo de batalla y no se percatan hasta que son derribados. Son el blanco principal de ataque del enemigo, y caen justo en sus trampas porque no están cubiertos por la oración. De acuerdo, algunos ceden por su propia voluntad a la tentación, pero yo creo que la mayoría de ellos desea hacer lo correcto. El punto es que la atracción de la carne y los planes del diablo son mucho más fuertes de lo que nos gustaría creer. En un momento de debilidad, como todos tenemos, podemos terminar haciendo algo que jamás imaginaríamos. Solo el poder de Dios, por medio de la oración, puede establecer la diferencia.

Si tu hijo *ya* tiene un problema en esta área y el diablo ha ganado cierto territorio en la batalla, párate firme en la confianza de saber quién eres en el Señor y recupéralo. Tus hijos son *tuyos* y *no* del diablo, y tú puedes presentar un caso a favor de ellos delante del trono de Dios. *Tú* tienes el poder *y* la autoridad. No Satanás. Las mentiras y el engaño, son las armas con que cuenta para operar. Reprende sus falsedades por el poder que te ha sido otorgado a través de Jesucristo tu Salvador, quien es Señor sobre todo en tu vida, incluyendo a tu hijo.

La Biblia dice:

> *Si, pues, coméis o bebéis, o hacéis otra cosa, hacedlo todo para la gloria de Dios.*

1 Corintios 10:31

Oremos para que todo lo que nuestros hijos hagan con sus cuerpos, sea hecho para la gloria de Dios.

ORACIÓN

Señor:

Oro para que tú mantengas a (nombre del niño) libre de cualquier adicción, en especial al alcohol o drogas. Hazle fuerte en ti, acércale a ti y ayúdale a entregarte el control de su vida. Háblale a su corazón, muéstrale el camino que debe transitar, y ayúdale a ver que parte de su servicio a ti, es proteger su cuerpo de las cosas que lo destruyen.

Te suplico que tú, Señor, frustres cualquier plan que Satanás tenga para destruir su vida por medio del alcohol y de las drogas, y quita de su personalidad todo lo que pueda atraerle a estas sustancias. Tu Palabra dice: "Hay camino que parece derecho al hombre, pero su fin es camino de muerte" (Proverbios 16:25). Dale el discernimiento y la fuerza para poder decir "no" a lo que trae muerte y "sí" a las cosas de Dios que acarrean vida. Que ella (él) pueda ver con claridad la verdad, siempre que sea tentado(a), y sea librado(a) del maligno cada vez que sea atrapado(a). Ayúdale a escoger la vida en todo lo que haga, y que su única adicción sea a las cosas de Dios.

Oro para que todo lo que haga con su cuerpo sea hecho para tu gloria.

ARMAS DE GUERRA

Porque si vivís conforme a la carne, moriréis;
mas si por el Espíritu hacéis morir
las obras de la carne viviréis.

Romanos 8:13

Quita, pues, de tu corazón el enojo,
y aparta de tu carne el mal.

Eclesiastés 11:10

Os he puesto delante la vida y la muerte, la bendición
y la maldición; escoge, pues, la vida, para que
vivas tú y tu descendencia.

Deuteronomio 30:19

La justicia de los rectos los librará; mas los
pecadores serán atrapados en su pecado.

Proverbios 11:6

Así que, si el Hijo os libertare, seréis
verdaderamente libres.

Juan 8:36

❖ ❖ ❖

Capítulo veinticuatro

Rechazar la inmoralidad sexual

*D*espués de una herida catastrófica, la muerte, y el infierno eterno, la inmoralidad sexual es la posibilidad más temida para las vidas de nuestros hijos. La razón es que los resultados del pecado sexual duran toda una vida; a menudo tanto para los padres como para los hijos. Palabras tales como "aborto", "fuera del matrimonio", "infidelidad", "homosexualidad", "enfermedad transmitida por el sexo", y "SIDA" hacen temblar a un padre. Y hoy, más que nunca, esto se ha convertido en un asunto de vida o muerte.

Todos estamos bien conscientes de que no hay escape de la inmoralidad sexual sin consecuencias. Pero no tan solo nos preocupa lo que pueda suceder al cuerpo de nuestros hijos. La Biblia dice que "os abstengáis de los deseos carnales que batallan contra el alma" (1 Pedro 2:11). Las consecuencias del pecado sexual invaden también el alma.

Esto es algo por lo cual he orado desde que mis hijos eran pequeños, y continúo en el presente con fervor. Ciertamente, no quiero que mueran de SIDA, ni tampoco deseo nietos antes de que mis hijos contraigan matrimonio. Aparte de esos puntos principales, tampoco deseo que desobedezcan a Dios y pierdan todo lo que Él tiene para ellos. Sé que la práctica del pecado sexual, sacrifica la llenura de la presencia de Dios, la paz, bendición y el gozo. El precio es demasiado alto.

No podemos esperar a que nuestros hijos sean adolescentes para orar al respecto, ni tampoco aguardar hasta entonces, para enseñarles que la vida funciona mejor cuando vivimos como Dios quiere. Hoy es el día para orar. La tentación sexual está por todas partes, frente a los ojos de nuestros hijos en cada esquina. Está en las carteleras, en la TV y en la radio; se encuentra en las películas, en la música popular, en libros y revistas; aun en tales publicaciones inofensivas como las que tienen que ver con noticias, deportes, salud y pasatiempos. Nuestros hijos están siendo bombardeados por ella, y vivimos una mentira si creemos que no pueden ser tentados. Por supuesto que sí, y el impulso será grande. Ellos necesitan que nosotros intercedamos a su favor. Aun si tu hijo ya ha fallado en ésta área, nunca es demasiado tarde para que ellos lo confiesen y se arrepientan, sean perdonados, sanados, y hechos nuevos.

La Biblia dice:

> *El que confía en su propio corazón es necio; mas el que camina en sabiduría será librado.*

> Proverbios 28:26

Tenemos que orar para que nuestros hijos confíen en Dios y no en sus emociones volubles, para que caminen con sabiduría y eviten esta trampa peligrosa. Necesitamos orar para que vivan de acuerdo a Dios.

Una de las normas de Dios para nuestras vidas es la pureza sexual, y el fundamento para ella se establece a una edad muy temprana. No importa la edad de tu hijo, pequeño, adolescente, o viviendo un poco más de sus treinta años, ya sea virgen o sexualmente activo, comienza a orar para que él o ella viva una vida de pureza sexual, desde este día en adelante.

ORACIÓN

Señor:

Yo oro para que tú guardes a (nombre del niño) en pureza sexual toda su vida. Dale a él (ella) un corazón que quiera hacer lo correcto en esta área y que la moralidad sea arraigada en su personalidad y guíe sus acciones. Ayúdale a que siempre establezca reglas piadosas en sus relaciones y que resista todo lo que no sea lo mejor de ti. Abre sus ojos a la verdad de tu Palabra, y ayúdale a ver que el sexo fuera del matrimonio jamás será el amor comprometido, perdurable e incondicional que él (ella) necesita. No permitas que su personalidad quede marcada ni sus emociones dañadas, por la fragmentación que le ocurre al alma como resultado de la inmoralidad sexual.

Yo oro para que él (ella) no tenga sexo antes del matrimonio, ni tampoco con alguien que no sea su cónyuge. Clamo para que la homosexualidad nunca sea arraigada en él (ella) ni tenga oportunidad de expresarse hacia él (ella). Evítale la presencia de cualquier persona con malas intenciones, o aleja a esa persona de su vida. Protégele de cualquier abuso sexual o de la violación. Quita su vista de la inmoralidad sexual que satura al mundo y ayúdale a entender que cualquiera que "quiera ser amigo del mundo, se constituye enemigo de Dios" (Santiago 4:4). Señor, que él (ella) anhele *tu* aprobación y que jamás permita el pecado sexual en su vida. Líbrale de cualquier espíritu de lujuria que trae tentación para que falle en esta área. Coloca una alarma del Espíritu Santo dentro de él (ella) para que suene fuerte y brille como una sirena siempre que él (ella) traspase la línea de lo correcto ante tus ojos.

Tu Palabra dice: "Bienaventurado el varón que soporta la tentación; porque cuando haya resistido la prueba, recibirá la corona de vida, que Dios ha prometido a los que le aman" (Santiago 1:12). Háblale a él (ella) con voz fuerte siempre que haya una tentación a lo indebido, y fortalécele en ti para que esté firme en lo que es justo y pueda decir "No" a la inmoralidad sexual. Que tu gracia le ayude a comprometerse a mantener la pureza, para que así él (ella) reciba tu corona de vida.

ARMAS DE GUERRA

Pues la voluntad de Dios es vuestra santificación;
que os apartéis de fornicación; que cada uno de
vosotros sepa tener su propia esposa en santidad
y honor; no en pasión de concupiscencia,
como los gentiles que no conocen a Dios.

1 Tesalonicenses 4:3-5

Huid de la fornicación. Cualquier otro pecado
que el hombre cometa, está fuera del cuerpo;
mas el que fornica, contra su propio cuerpo peca.

1 Corintios 6:18

El cuerpo no es para la fornicación, sino
para el Señor, y el Señor para el cuerpo.

1 Corintios 6:13

No os ha sobrevenido ninguna tentación que no
sea humana; pero fiel es Dios, que no os dejará
ser tentados más de lo que podéis resistir,
sino que dará también juntamente con
la tentación la salida, para que podáis soportar.

1 Corintios 10:13

Sino que cada uno es tentado, cuando de su propia
concupiscencia es traído y seducido. Entonces
la concupiscencia, después que ha concebido,
da a luz el pecado; y el pecado, siendo
consumado, da a luz la muerte.

Santiago 1:14-15

❖ ❖ ❖

Capítulo veinticinco

Encontrar la pareja perfecta

*P*oco después del nacimiento de mis hijos, comencé a orar por sus respectivos cónyuges. Aún lo hago, y seguiré hasta el día de su casamiento. Unido a esto, también clamo para que un espíritu de divorcio jamás tenga lugar en sus vidas. Algunos pueden pensar que estas oraciones son prematuras. No lo son. Después de la decisión de recibir a Jesús, el matrimonio es la resolución más importante que nuestros hijos harán. Ha de afectar el resto de sus vidas, sin mencionar las de otros miembros de la familia. La decisión errónea puede traer miseria y dolor a todos los involucrados. Y como solo Dios sabe quién será la mejor pareja matrimonial para cualquiera, se le debe consultar a Él primero y que Él ofrezca la respuesta final.

Una cosa resalta en mi mente cuando pienso en las personas que conozco, que han experimentado matrimonios desdichados, cónyuges abusivos, infidelidad matrimonial, múltiples matrimonios, casamientos tardíos para tener hijos, o que son solteros infelices: ninguno de ellos tuvieron padres que intercedieran por sus cónyuges o por sus relaciones matrimoniales.

Por otra parte, conozco a parejas perfectamente acopladas en el vínculo del matrimonio y que no han sufrido ninguno de los problemas antes mencionados. Como es lógico, tuvieron padres que oraban por este asunto o ellos mismos clamaban y esperaban hasta estar seguros de haber encontrado la pareja escogida por Dios para ellos. Estas personas no fluctuaban entre una y otra relación, ni ignoraban las reglas de Dios en cuanto a la pureza sexual. Se mantuvieron castos para el compañero que Dios tenía para ellos, y han sido recompensados en gran manera.

Como resultado de todas estas observaciones y de mis propias experiencias, considero ahora que los matrimonios pueden ser literalmente hechos en el cielo, cuando oramos al casamentero mayor.

Bodas magníficas no hacen matrimonios perfectos. Solo Dios puede hacerlo. La Biblia dice:

> *Muchos son los planes en el corazón del hombre; mas el consejo del Señor permanecerá.*
>
> Proverbios 19:21 BdlA

No son los consejeros de la novia ni los encargados del servicio de la comida, quienes marcan el sendero correcto a los novios. Esto lo consigue el consultar a Dios y seguir su guía. Y solo la oración mantiene a nuestros hijos buscando la voluntad de Dios de continuo en lugar de marchar tras sus propias emociones.

El Espíritu de Dios mantiene un matrimonio unido; un espíritu de divorcio lo destruye. Ora ahora para que el Espíritu Santo reine en el futuro de tu hijo y no un espíritu de divorcio.

Si tu hijo ya está casado con alguien, ora para que él o ella y su cónyuge estén "perfectamente unidos en una misma mente" (1 Corintios 1:10), porque toda "casa dividida contra sí misma, no permanecerá" (Mateo 12:25). Ora para que sean libres de cualquier espíritu de divorcio que quiera abrir una brecha entre ambos. Si tu hijo ya es divorciado, ora para que todo dolor sea sanado y que no haya más divorcio en su futuro.

No importa qué edad tenga tu hijo, ora hoy al respecto. El divorcio es parte del espíritu de esta época, y amenaza a todos en algún momento. Estemos firmes y unidos para resistirlo en nosotros mismos y en nuestros hijos, por el poder del Espíritu Santo en nuestrs vidas a través de Jesucristo, el Hijo de Dios.

ORACIÓN

Señor:

A menos que tu plan para él (ella) es que sea soltero(a), yo oro para que tú envíes la(el) compañera(o) matrimonial perfecta(o) para (nombre del niño). Envía la pareja idónea en el tiempo perfecto y dale una dirección clara de parte tuya para identificarla. Oro para que mi hijo(a) sea lo suficiente sumiso como para oír tu voz cuando le llegue el momento de tomar la decisión de matrimonio, y que la establezca basada en lo que *tú* estés diciendo y no tan solo en el deseo de la carne. Oro para que ella (él) confíe en ti con todo su corazón y no se apoye en su propia prudencia; que te reconozca a ti en todos sus caminos para que tú endereces sus veredas (Proverbios 3:5-6).

Prepara la persona que será el esposo(a) perfecto(a) para ella (él). Ayúdale a saber la diferencia entre simplemente enamorarse y el tener la certeza de que ésa es la persona con quien Dios quiere que comparta el resto de su vida. Si es atraído(a) a otra persona con quien no se debe casar, oro para que tú, Señor, cortes esa relación. Ayúdale a reconocer que a menos que tú estés en el centro del matrimonio, no perdurará. A menos que tú lo bendigas, el matrimonio no será bendecido. Porque tu Palabra dice: "Si el Señor no edifica la casa, en vano trabajan los que la edifican" (Salmo 127:1 BdlA). Yo oro para que tú edifiques el matrimonio alrededor del cual su casa está establecida.

Cuando ella (él) encuentre la persona perfecta con quien casarse, te suplico que ésta sea un ser piadoso y un siervo(a) tuyo devoto, que sea como un hijo(a) para mí y una bendición a todos los demás miembros de la familia. Una vez casado, que nunca haya ningún divorcio en su futuro. Que nunca se manifieste abuso mental, emocional o físico de ninguna clase, sino la unidad en estos aspectos que nunca es alterada por la división. Oro porque sea libre de cualquier espíritu de divorcio, separación, o desunión que pretenda abrir una brecha en su relación. Proporciónales un fuerte deseo de vivir en fidelidad, y quita cualquier tentación de infidelidad.

Que tenga un compañero(a) de por vida, que sea también su amigo(a) más íntimo(a). Que ambos sean fieles, compasivos, considerados, sensibles, respetuosos, amorosos, que perdonen y se ofrezcan apoyo el uno al otro todos los días de su vida.

ARMAS DE GUERRA

Pero al principio de la creación, varón y hembra
los hizo Dios. Por esto dejará el hombre a su padre
y a su madre y se unirá a su mujer, y los dos
serán una sola carne; así que no son ya
más dos, sino uno. Por tanto, lo que Dios
juntó, no lo separe el hombre.

Marcos 10:6-9

Honroso sea en todos el matrimonio, y el lecho
sin mancilla; pero a los fornicarios y a
los adúlteros los juzgará Dios.

Hebreos 13:4

Cualquiera que repudia a su mujer y se casa
con otra, comete adulterio contra ella.

Marcos 10:11

El que halla esposa halla algo bueno y
alcanza el favor del Señor.

Proverbios 18:22 (BdlA)

Y esta otra cosa hacéis: cubrís el altar del Señor de lágrimas, llantos y gemidos, porque Él ya no mira la ofrenda ni la acepta con agrado de vuestra mano. Y vosotros decís: '¿Por qué?' Porque el Señor ha sido testigo entre tú y la mujer de tu juventud, contra la cual has obrado deslealmente, aunque ella es tu compañera y la mujer de tu pacto. Pero ninguno que tenga un remanente del Espíritu lo ha hecho así. ¿Y qué hizo éste mientras buscaba una descendencia de parte de Dios? Prestad atención, pues, a vuestro espíritu; no seas desleal con la mujer de tu juventud. Porque yo detesto el divorcio —dice el Señor, Dios de Israel— y al que cubre de iniquidad su vestidura —dice el Señor de los ejércitos—. Prestad atención, pues, a vuestro espíritu y no seáis desleales.

Malaquías 2:13-16 (BdlA)

Capítulo veintiséis

Vivamos libres de la falta de perdón

Siempre que tengo que pedirle perdón a mis hijos por algo, les digo que necesito oírles decir "te perdono". No lo hago solo porque *yo* lo *necesite* oír; sino porque *ellos* precisan *decirlo* y ser libres completamente. De igual forma, si mis hijos discuten entre sí, les pido que se digan uno al otro, "lo siento" y "te perdono". Incluso si en ese momento no lo sienten de corazón, sé que con el tiempo lo que digan llegará a su alma. Por supuesto, es mejor si declaran estas cosas espontáneamente, sin tener que recordarles que lo digan, pero hasta que eso suceda, lo anterior es mucho mejor que nada y esperar que el perdón ocurra.

Yo les he instruido: "Perdonar es una *decisión* que ustedes toman. Si no perdonan, eso acarrea muerte a sus vidas en alguna forma. La mejor forma de convertirse en un perdonador es orar por la persona que se necesita perdonar. Aunque al principio parezca difícil, una vez que comienzan y encuentran más y más motivos para orar, notarán que sus corazones se vuelven tiernos hacia esa persona".

He observado muy de cerca, e imagino que usted también, a familias que esperan que el perdón surja. No perdonan hasta que *sienten el deseo* de hacerlo. Como resultado, se producen a menudo serias divisiones entre los miembros de la misma. Están acostumbrados a decirse cosas negativas entre sí, o unos de otros, o tal vez ni se hayan hablado por años. Una falta definida de gentileza y de apreciación mutua rodea cada palabra y acto, porque un espíritu de rencor ha encontrado hogar ahí. Una familia entera sufre cuando uno o más miembros adopta la postura de no perdonar.

Como parte del honrar a padre y madre y poder recibir la promesa de larga vida y bendición que acompaña a ese mandamiento, cada hijo necesita perdonar a ambos padres por sus imperfecciones y por cualquier cosa dañina que pudieron hacer. Además, necesitan perdonar a hermanas, hermanos, tías, tíos, primos, abuelos, conocidos, amigos, enemigos, y a veces a sí mismos, y necesitamos animarles a que lo hagan. Si no enseñamos a nuestros hijos a perdonar, no les estamos haciendo ningún favor y de ello pueden resultar serias consecuencias.

Entre los mejores pasos que podemos dar para conducir a nuestros hijos a la libertad del rencor, además de enseñarles a *ellos* a perdonar y orar para que caminen en misericordia, está el librarnos nosotros mismos de la falta de perdón. Es tan fácil que el rencor forme parte de nuestras vidas, que lo llevamos con nosotros dondequiera que vayamos, sin darnos cuenta que cargamos exceso de equipaje.

Cuando yo aprendí que el perdón no *le da la razón* a la otra persona, sino que *te hace libre*, fue cuando pude atravesar la barrera en este asunto. Siempre pensé que al perdonar a otra persona yo estaba diciendo "Lo que tú hiciste está bien", pero no es así. Perdonar es confiar en que el Señor es el Dios de la justicia según Él mismo declara, y decir: "Padre, ya no voy a atar a esa persona a mi vida por causa del rencor". Es reconocer que Dios sabe la verdad y permitir que Él sea el juez, porque Él es el único que conoce toda la historia.

La Biblia dice:

Porque el Señor es un Dios de justicia; ¡cuán bienaventurados son todos los que en Él esperan!

Isaías 30:18 BdlA

Seremos bendecidos si le confesamos a Él nuestra falta de perdón, oramos para ser libertados de ella, y luego descansamos y esperamos a que Dios haga lo correcto mientras disfrutamos sus bendiciones. ¿No es eso más placentero que vivir en la prisión del rencor y sufrir la enfermedad que eso trae a nuestras almas, cuerpos, relaciones y vidas?

¿Cómo perdona el hijo al padre que le golpeó? ¿Cómo perdona la madre al conductor borracho que mató a su hija? ¿Cómo perdona la joven al tío que abusó de ella? ¿Cómo puede alguien mostrar misericordia para uno que es despiadado? No pueden por completo, a menos que entren en la presencia del Señor y entiendan *su* completo perdón. No hay nada como las lágrimas de gozo y la libertad que sentimos, cuando llegamos a ese lugar del completo perdón ante el Señor. Da vida porque renueva todo nuestro ser. La Biblia dice:

Una cosa hago: olvidando ciertamente lo que queda atrás, y extendiéndome a lo que está delante, prosigo a la meta, al premio del supremo llamamiento de Dios en Cristo Jesús.

Filipenses 3:13-14

No podemos avanzar en nuestras vidas y con todo lo que Dios tiene para nosotros, si estamos atados y encadenados al pasado. Ni tampoco pueden nuestros hijos. Jesús dijo: "Bienaventurados los misericordiosos, porque ellos alcanzarán misericordia" (Mateo 5:7). Oremos para que nuestros hijos muestren compasión y así nada limite la misericordia de Dios hacia ellos. Clamemos para que sean personas que digan: "Te perdono" siempre que se presente la oportunidad.

Oremos para que la amargura y la falta de perdón no se conviertan en una pared entre Dios y nosotros y obstaculice nuestras plegarias. No tenemos tiempo para eso. Hay demasiadas oraciones que hacer.

❖❖❖

ORACIÓN

Señor:

Oro para que ayudes a (nombre del niño) a vivir perdonando de continuo. Enséñale la profundidad de tu perdón hacia él (ella), para que pueda perdonar con libertad a otros. Ayúdale a tomar la decisión de perdonar basada en lo que Tú nos has pedido que hagamos y no en sentimientos momentáneos. Que él (ella) pueda entender que el perdonar no justifica las acciones de la otra persona; al contrario, le hace a él (ella) *libre*. Ayúdale a entender que sólo tú sabes la historia completa de nuestras vidas, y por eso él (ella) no tiene el derecho de juzgar.

Señor, tu Palabra dice: "El que ama a su hermano, permanece en la luz, y en él no hay tropiezo. Pero el que aborrece a su hermano está en tinieblas, y anda en tinieblas, y no sabe a dónde va, porque las tinieblas le han cegado los ojos" (1 Juan 2:10-11). Muéstrame las áreas por las que camino en falta de perdón. No quiero eso en mi vida. Anhelo ver con claridad y saber a dónde me dirijo. Imploro eso también por mi hijo. Que él (ella) siempre camine en la luz del amor y del perdón. Ayúdale a perdonar a los miembros de la familia, amigos, y demás. Enséñale a entregarte a ti el pasado para que pueda poseer todo lo que tú tienes para él (ella). No permitas que guarde resentimiento, amargura, y enojo, sino ayúdale a que entregue de inmediato esos sentimientos a ti, tan pronto surjan.

Oro para que él (ella) se perdone a sí mismo(a) por los momentos de fracasos, y que jamás te culpe por lo que sucede en esta tierra y en su vida. Yo oro de acuerdo a tu Palabra para que él (ella) ame a sus enemigos, bendiga a los que le maldicen, haga bien a los que le aborrecen, y ore por los que le ultrajan y persiguen, para que él (ella) pueda disfrutar de todas tus bendiciones (Mateo 5:44-45). En el nombre de Jesús yo oro para que viva en la plenitud de tu perdón hacia él (ella) y pueda caminar en la libertad del perdón en su propio corazón.

❖❖❖

ARMAS DE GUERRA

Quítense de vosotros toda amargura, enojo, ira, gritería y maledicencia, y toda malicia. Antes sed benignos unos con otros, misericordiosos, perdonándoos unos a otros, como Dios también os perdonó a vosotros en Cristo.

Efesios 4:31-32

Porque si perdonáis a los hombres sus ofensas, os perdonará también a vosotros vuestro Padre celestial; mas si no perdonáis a los hombres sus ofensas, tampoco vuestro Padre os perdonará vuestras ofensas.

Mateo 6:14-15

Entonces su señor, enojado, le entregó a los
verdugos, hasta que pagase todo lo que le debía.
Así también mi Padre celestial hará con vosotros
si no perdonáis de todo corazón cada uno a
su hermano sus ofensas.

Mateo 18:34-35

La cordura del hombre detiene su furor,
y su honra es pasar por alto la ofensa.

Proverbios 19:11

Y cuando estéis orando, perdonad, si tenéis algo
contra alguno, para que también vuestro Padre
que está en los cielos os perdone a
vosotros vuestras ofensas.

Marcos 11:25

Capítulo veintisiete

Caminemos en arrepentimiento

¿Has notado a niños que viven con culpa y condenación porque no han sido disciplinados en cuanto a confesar, arrepentirse y ser perdonados por sus pecados? No tienen los mismos semblantes despejados y confiados que tienen aquellos que sí son libres de la condenación. La Biblia dice: "Los que miraron a Él fueron alumbrados y sus rostros no fueron avergonzados" (Salmo 34:5). Los niños que reconocen sus errores y los sienten tanto como para querer cambiar su forma de ser, tienen un rostro diferente por completo a aquellos que esconden su pecado y no tienen intención alguna de ser diferentes.

La confesión y el arrepentimiento son dos principios de vida que debemos enfatizar en nuestros hijos, porque el pecado no confesado crea una pared entre ellos y Dios. El arrepentimiento, que literalmente quiere decir "dar la espalda y decidir no hacerlo otra vez", se manifiesta cuando el niño admite: "Yo hice esto. Lo siento, y no lo volveré a hacer". Si el pecado no es confesado ni se muestra este arrepentimiento, el niño no puede ser libre de la atadura que lo anterior provoca, y se reflejará en su rostro, personalidad y acciones.

Dios dijo a los israelitas que le desobedecieron y no se arrepintieron:

> *Y allí os acordaréis de vuestros caminos, y de todos vuestros hechos en que os contaminasteis; y os aborreceréis a vosotros mismos a causa de todos vuestros pecados que cometisteis.*

Ezequiel 20:43

Ese aborrecimiento propio por el pecado no confesado y la ausencia de arrepentimiento, es *nuestra* porción también, y una de sus manifestaciones es una pobre imagen de sí mismo. Tales sentimientos de fracaso y de culpabilidad causan destrucción en las vidas de nuestros hijos, si no son enseñados a confesar y arrepentirse.

Recuerdo haber detectado el pecado en los rostros de mis hijos, incluso antes de descubrirlo en sus acciones. Solían decirme que era muy irritante el nunca poder salirse con la suya por mucho tiempo.

Les decía: —Eso es porque le pedí a Dios que me revele cualquier cosa que necesite saber, y el Espíritu Santo siempre me dice si ustedes han hecho algo malo.

Siempre que veía sus rostros flagrantes y despejados, nublados por una apariencia deshonesta, rogaba a Dios que me mostrara cualquier pecado oculto. Después que ellos lo confesaban, se arrepentían y recibían el castigo adecuado, sus rostros reflejaban una gran diferencia; como si un peso o una sombra hubiera sido quitada. El pecado tiene un efecto tóxico. La falta no confesada nos agobia; distorsiona y oscurece nuestra imagen. Pecado confesado y corazón arrepentido traen luz, vida, confianza y libertad.

Como ningún niño es perfecto, necesitamos pedirle a Dios que revele, exponga o traiga a luz cualquier pecado oculto que se haya enraizado en el corazón de nuestros hijos, de modo que podamos lidiar con eso de inmediato, y no posteriormente cuando las consecuencias sean mucho más serias. Dios lo hará, "porque Él conoce los secretos del corazón" (Salmo 44:21). Todos hemos oído las historias del «hombre simpático y agradable» que golpea a su esposa, abusa de sus hijos, o que sale a matar a todo el que se le atraviese. Seguramente, él llevaba pecado oculto en su corazón. Podemos aseverar también que cualquier pecado oculto en nuestros hijos, con el tiempo se manifestará de alguna forma no deseada. El momento de actuar es ahora.

Echad de vosotros todas vuestras transgresiones con que habéis pecado, y haceos un corazón nuevo y un espíritu nuevo. ¿Por qué moriréis?

Ezequiel 18:31

Pídele a Dios que descubra cualquier pecado oculto dentro de ti o de tus hijos, para que no haya un precio físico o emocional a pagar.

El pecado conduce a la muerte. El arrepentimiento conduce a la vida. Nosotros no confesamos para que Dios se entere de algo. Él ya lo sabe. La confesión es una oportunidad para hacer borrón y cuenta nueva. El arrepentimiento es una oportunidad para comenzar de nuevo. Nuestros hijos, al igual que nosotros, necesitamos ambas.

❖❖❖

ORACIÓN

Señor:

Oro para que tú le des a (nombre del niño) un corazón dispuesto a confesar sus errores. Que ella (él) se arrepienta sinceramente para que pueda ser perdonada(o) y lavada(o). Ayúdale a entender que tus leyes son para su beneficio y que la confesión y el arrepentimiento que tú exiges necesitan ser parte de un estilo de vida. Concédele el deseo de vivir en la verdad delante de ti, y que diga como David: "Lávame más y más de mi maldad, y límpiame de mi pecado. Crea en mí, oh Dios, un corazón limpio, y renueva un espíritu recto dentro de mí. No me eches de delante de ti, y no quites de mí tu Santo Espíritu. Vuélveme el gozo de tu salvación" (Salmo 51:2, 10-12).

Señor, trae a la luz cualquier pecado oculto para que sea confesado, se arrepienta de él y sea perdonado(a). Tu Palabra dice: "Bienaventurado aquel cuya transgresión ha sido perdonada, y cubierto su pecado" (Salmo 32:1). Oro para que mi hijo(a) nunca pueda mantener el pecado en su interior, sino que haya un anhelo por confesarlo totalmente y decir: "Y ve si hay en mí camino de perversidad, y guíame en el camino eterno" (Salmo 139:24). Que ella (él) no viva en la culpabilidad y condenación, sino con una conciencia limpia en el entendimiento completo de su perdón en Cristo. Yo oro para que ella (él) siempre coloque su vista en ti y que lleve un rostro radiante.

ARMAS DE GUERRA

Amados, si nuestro corazón no nos reprende,
confianza tenemos en Dios; y cualquiera cosa que
pidiéramos la recibiremos de Él, porque guardamos
sus mandamientos, y hacemos las cosas que
son agradables delante de Él.

1 Juan 3:21-22

Abandone el impío su camino, y el hombre inicuo
sus pensamientos, y vuélvase al Señor, que tendrá
de él compasión, al Dios nuestro, que será
amplio en perdonar.

Isaías 55:7 (BdlA)

Por tanto, os juzgaré, a cada uno conforme a su
conducta, oh casa de Israel —declara el Señor Dios—.
Arrepentíos y apartaos de todas vuestras transgresiones,
para que la iniquidad no os sea piedra de tropiezo.

Ezequiel 18:30 (BdlA)

El que encubre sus pecados no prosperará; mas
el que los confiesa y se aparta alcanzará misericordia.

Proverbios 28:13

Así que, arrepentíos y convertíos para que
sean borrados vuestros pecados; para que vengan
de la presencia del Señor tiempos de refrigerio.

Hechos 3:19

Capítulo veintiocho

Derribemos fortalezas impías

*¿*Alguna vez has observado en tu hijo algo que te molesta pero no puedes identificar qué es? Cuando eso sucede, no ignores los instintos que Dios te ha dado. Pídele al Señor que te revele la causa de lo que estás sintiendo. Nosotros estamos alineados con el Creador del universo, el cual entiende perfectamente lo que acontece, y necesitamos pedirle sabiduría y revelación.

¿Alguna vez detectaste una expresión en la cara de tu hijo, que sabías era de culpabilidad pero desconocías la razón? En otras palabras, sospechabas de una ofensa digna de algún tipo de disciplina pero no tenías la evidencia concreta? Siempre que eso sucedía con alguno de mis hijos, yo oraba: "Dios, tú conoces mi insensatez, y mis pecados no te son ocultos" (Salmo 69:5), revélame lo que estoy percibiendo en este niño. Cada vez me revelaba una fortaleza impía que se estaba levantando en la carne. Por ejemplo, en cierta ocasión uno de los niños, sin autorización, llevaba comida a escondidas al cuarto para comer en secreto. En otro momento, una mentira se puso en funcionamiento para poder lograr un resultado deseado. En cada situación los pecados fueron revelados *después* que oré.

Siempre dije a mis hijos que no valía la pena desobedecer a sus padres, porque Dios siempre nos traía revelación. No tardaron en creerme.

Una ocasión en particular resalta en mi memoria. Sucedió cuando Amanda tenía siete años. Cada mañana yo le daba a tragar tres vitaminas muy pequeñas. Habían sido recetadas por nuestro médico, y yo me aseguraba de tenerlas siempre en un platillo pequeño al lado de su plato en el desayuno. Al principio protestaba cada vez que las tenía que tomar. Después de un tiempo se puso alegre de tener que hacerlo, y con el tiempo cesó la queja por completo. Por esos días, sentí algo en Amanda que me preocupó, pero no pude dar con lo que era exactamente.

Oré: "Enséñame, Señor. ¿Hay algo en Amanda que debo observar?"

Durante los próximos días no sucedió nada, y no le presté mucha atención porque estaba ocupada empaquetando las cosas para mudarnos a otro lugar. El día que vino la compañía de mudanza para llevarse las cosas grandes, comenzamos a desatar los pequeños cojines de las sillas de la cocina. Allí, debajo del cojín del asiento de Amanda, encontré veintiséis vitaminas pequeñas desparramadas por el asiento. No lo pude creer. Llamé a mi esposo para que viera lo que había encontrado, y los dos reímos, aunque sabíamos que tendríamos que enfrentarla cuando regresara del colegio.

Proseguimos a desatar los otros cinco cojines y para nuestro asombro, debajo de todos excepto uno, descubrimos de veinte a treinta vitaminas. Solo la silla que le quedaba más alejada estaba vacía. Esta vez nos morimos de la risa.

Cuando Amanda regresó del colegio, disfrazamos las sonrisas y le presentamos más de cien vitaminas y un vaso de agua. Le dijimos que más le valdría explicar, a menos que quisiera tomarse todas las pastillas.

Este incidente parece gracioso e insignificante, pero si el engaño de Amanda no hubiera sido detectado ni jamás resuelto, podría conducir a engaños más grandes hasta que la mentira se afianzara en su vida. Le agradezco a Dios por revelarnos tales cosas *antes* de tornarse complicadas.

Lo que estés sintiendo no tiene que estar forzosamente vinculado con los pecados de tu hijo. Puede ser el dolor o temor por algo que él (ella) haya pensado, visto o experimentado. Pudiera ser desespero, confusión, envidia, egoísmo, u orgullo. Es imposible especular, por lo tanto, es mejor pedirle a Dios que te lo revele. Aunque no recibas una dirección clara al momento, todavía puedes continuar clamando al respecto. Jesús nos enseñó a orar como norma: "Líbranos del mal" (Mateo 6:13). A veces no hay que ser más específico y basta con orar para que Dios penetre las vidas de nuestros hijos con el poder del Espíritu Santo y los libre del mal. La cuestión es, no ignorar esos avisos.

Aunque ahora no percibas nada en tu hijo, es incluso una buena medida de prevención elevar la siguiente oración. No es que tengas que vivir en una continua sospecha de tus hijos, pero sí del enemigo que acecha, esperando levantar una fortaleza en sus vidas. "Sed sobrios, y velad; porque vuestro adversario el diablo, como león rugiente, anda alrededor buscando a quien devorar" (1 Pedro 5:8). El versículo que sigue nos da las instrucciones de cómo lidiar con esto. Dice: "Al cual resistid". ¿Oramos?

❖❖❖

Oración

Señor:

Gracias porque en tu Palabra prometes librarnos cuando clamamos a ti. Vengo a ti en nombre de (nombre del niño) y te pido que le libres de cualquier cosa impía que amenaza con ser una fortaleza en su vida. Aunque yo no sé de qué debe ser librado, tú sí. Oro para que obres la liberación en su vida donde sea necesario. Sé que aunque "andamos en la carne, no militamos según la carne; porque las armas de nuestra milicia no son carnales, sino poderosas en Dios para la destrucción de fortalezas, derribando argumentos y toda altivez que se levanta contra el conocimiento de Dios" (2 Corintios 10:3-5).

Dame sabiduría y revelación en cuanto a ella (él). Sé que hay áreas de operación del enemigo que no puedo ver, por lo tanto dependo de ti, Señor, para que las reveles a mí según sea necesario. Habla a mi corazón. Enséñame cómo orar cuando algo referente a ella (él) me inquieta, perturba o atribula en la profundidad de mi espíritu. Muéstrame cualquier cosa que no estoy viendo, y permite que todo lo oculto salga a la luz. Si hay algo que debo hacer, dependo de ti para que me lo muestres. Gracias porque tú me ayudas a ser padre para este niño.

Señor, en este día deposito a (nombre del niño) en tus manos. Guíale, protégele, y dale convicción cuando el pecado intente arraigarse en ella(él). Concédele fuerza en la batalla cuando Satanás intente afianzarse de su corazón. Hazle sensible a la invasión del enemigo y que corra a ti para que tú seas su fortaleza y refugio en tiempo de angustia. Que el clamor de su corazón sea, "Líbrame de los que me son ocultos" (Salmo 19:12). Yo digo de acuerdo a tu Palabra que "el Señor le librará de toda obra mala, y le preservará para su reino celestial" (2 Timoteo 4:18).

ARMAS DE GUERRA

Y a ti te daré las llaves del reino de los cielos;
y todo lo que atares en la tierra será atado
en los cielos; y todo lo que desatares en
la tierra será desatado en los cielos.

Mateo 16:19

Nada hay encubierto, que no haya de ser manifestado;
ni oculto, que no haya de saberse.

Mateo 10:26

Tarde o temprano, el malo será castigado;
mas la descendencia de los justos será librada.

Proverbios 11:21

Será también el Señor baluarte para el oprimido,
baluarte en tiempos de angustia.

Salmo 9:9 (BdlA)

Clama a mí, y yo te responderé, y te enseñaré
cosas grandes y ocultas que tú no conoces.

Jeremías 33:3

Capítulo veintinueve

Busquemos la sabiduría y el discernimiento

 Sabrá mi hijo que no debe entrar a un automóvil con un extraño? ¿Entenderá que es peligroso jugar cerca de aguas profundas? ¿Dirá "No" a los amigos cuando le ofrezcan drogas? ¿Se acordará de mirar a la derecha y a la izquierda antes de cruzar la calle? ¿Le pedirá matrimonio a la muchacha equivocada? ¿Podrán ellos ver el peligro cuando sea inminente? La seguridad y el bienestar de nuestros hijos depende en gran medida de las decisiones que tomen. Las posibles consecuencias de esas determinaciones pueden parecer aterradoras para un padre.

Jamás podremos estar seguros de que tomarán las decisiones correctas, a menos que tengan los dones de sabiduría, revelación y discernimiento, además de un oído sintonizado a la voz de Dios. La única forma de asegurar cualquiera de estas cosas es buscar a Dios por ellos. La Biblia dice:

> *Y si alguno de vosotros tiene falta de sabiduría, pídala a Dios, el cual da a todos abundantemente y sin reproche, y le será dada.*

> Santiago 1:5

¿Has tenido momentos en tu vida en los que reconociste que la sabiduría de Dios estaba en control y a pesar de ti misma tomaste la decisión correcta? Quizás decidiste no hacer un giro a la izquierda aunque tenías la luz a tu favor; y, efectivamente, un auto que venía en dirección contraria se llevó la luz. Hiciste lo correcto pero no te puedes llevar el crédito. Algunas personas verán eso como coincidencia. Yo creo que es la sabiduría y el discernimiento de Dios. Y nos salva la vida en más ocasiones, incluso sin ser concientes de ello.

Anhelamos que esa misma sabiduría y discernimiento fluya en las vidas de nuestros hijos, porque a medida que crecen van tomando más y más decisiones importantes sin nosotros. Ciertas determinaciones que mi hijo debía tomar después de graduarse de la secundaria, implicaron que me quedara al margen de la situación, contuviera la respiración y orara: "Señor, dale sabiduría. Que tenga una dirección clara de parte tuya". Dios contestó esas plegarias y ahora vemos cuán correctas fueron las decisiones de Christopher, por razones que solo Dios pudo conocer.

El viejo proverbio que dice: "El hijo sabio alegra al padre, pero el hijo necio es tristeza de su madre" (Proverbios 10:1) acierta por completo. No hay nadie más orgulloso que papi cuando su hijo hace una decisión sabia. Pero cuando un hijo se comporta sin sabiduría, nadie sufre más que una madre. Proverbios también dice que si clamamos por discernimiento y lo buscamos como a un tesoro escondido, encontraremos todo el conocimiento de Dios (Proverbios 2:3-5). Yo creo que ese es todo el conocimiento, la sabiduría y el discernimiento que necesitamos. Clamemos a Dios y evitemos el dolor, ¿sí?

ORACIÓN

Señor:

Oro para que le des los dones de sabiduría, discernimiento y revelación a (nombre del niño). Ayúdale a confiar en ti con todo su corazón, no dependiendo de su propio entendimiento, sino reconociéndote en todos sus caminos para que ella (él) pueda oír tu dirección clara en cuanto a qué rumbo seguir (Proverbios 3:5). Ayúdale a discernir entre el bien y el mal y a ser sensible a la voz del Espíritu Santo que dice: "Este es el camino, andad por él" (Isaías 30:21). Yo sé que una gran parte de su felicidad en la vida depende de adquirir sabiduría y discernimiento, lo cual según tu Palabra trae larga vida, prosperidad, reconocimiento, protección, disfrute, contentamiento, y bienestar. Anhelo todo eso para ella (él), pero quiero que esas cosas lleguen como bendiciones de tu parte.

Tu Palabra dice: "El principio de la sabiduría es el temor del Señor, y el conocimiento del Santo es inteligencia" (Proverbios 9:10 BdlA). Que un temor y conocimiento sano de ti sea el fundamento sobre el cual la sabiduría y el discernimiento sean establecidos en ella (él). Que se vuelva hacia ti al tomar cada decisión, para que no lo haga desacertadamente. Ayúdale a ver que todos los tesoros de la sabiduría y del conocimiento están escondidos en ti y que Tú los das sin restricciones cuando los pedimos. Al buscar sabiduría de ti, Señor, derrámala con generosidad para que todos sus caminos sean de paz y vida.

ARMAS DE GUERRA

Mucho se alegrará el padre del justo, y el que
engendra sabio se gozará con él. Alégrense
tu padre y tu madre y gócese la que te dio a luz.

Proverbios 23:24-25

Sabiduría ante todo; adquiere sabiduría; y sobre
todas tus posesiones adquiere inteligencia.
Engrandécela y ella te engrandecerá; ella
te honrará, cuando tú la hayas abrazado.

Proverbios 4:7-8

La ley del Señor es perfecta, que restaura el alma;
el testimonio del Señor es seguro, que hace
sabio al sencillo.

Salmo 19:7 (BdlA)

Cuando la sabiduría entrare a tu corazón, y
la ciencia fuere grata a tu alma, la discreción
te guardará; te preservará la inteligencia, para
librarte del mal camino, de los hombres que
hablan perversidades.

Proverbios 2:10-12

Bienaventurado el hombre que halla la sabiduría, y
que obtiene la inteligencia; porque su ganancia es
mejor que la ganancia de la plata, y sus frutos más
que el oro fino. Más preciosa es que las piedras
preciosas; y todo lo que puedes desear, no se puede
comparar a ella. Largura de días está en su mano
derecha; en su izquierda riquezas y honra. Sus
caminos son caminos deleitosos, y todas sus
veredas paz. Ella es árbol de vida a los que de
ella echan mano, bienaventurados son
los que la retienen.

Proverbios 3:13-18

CApítulo TREiNTA

Crezcamos en fe

¿Cuantas veces he oído a padres de adolescentes o jóvenes adultos decir: "Mi hijo no está motivado a hacer nada", "mi hija anda por la casa como si estuviera deprimida todo el tiempo", "mi hijo está saliendo reprobado del colegio y parece no importarle", "mi hija se ve desubicada, como si su vida no tuviera propósito". En cada caso, estos chicos están batallando con una falta de visión para sus vidas porque no tienen fe en Dios, ni en Su Palabra.

Los niños sin fe tienen una vida más difícil. No tienen una motivación positiva, sentido de propósito, y ninguna esperanza para ser diferentes. Los niños sin fe se sientan durante horas delante del televisor, día tras día, mes tras mes. Vagan por las calles buscando problema y por lo general lo encuentran. Se relacionan con otros niños sin fe, y ese es el mayor problema de los infantes que están en dificultad, hoy día. No saben que Jesús murió por ellos (Romanos 5:8) y que son los hijos amados de Dios (Juan 1:12), que tienen un propósito, un llamado especial (1 Corintios 7:22), un futuro brillante (1 Corintios 2:9), y por eso de seguro, son ganadores (Romanos 8:37). No saben que "al que cree todo le es posible" (Marcos 9:23), y por lo tanto no creen que haya posibilidad para sus futuros. Todo lo que ven son sus propias limitaciones, las fallas y las luchas de los adultos a su alrededor, y por lo tanto se rinden.

Pero es aun más que eso, porque sentir *nuestras* limitaciones no significa necesariamente que no tenemos fe. Sentir que *Dios* tiene limitaciones, es lo que indica una carencia de fe. Y si los niños no confían en el único que es seguro, invariable, y todopoderoso, ¿cómo pueden creer en sí mismos y en su futuro, el cual reconocen como inseguro, inestable y sin poder?

Después de criar a un niño desde su nacimiento hasta convertirse en adulto, he comprendido que una de las cosas más importantes que nuestros hijos retendrán consigo cuando se vayan de nuestra esfera de influencia, es su fe. Si podemos estar seguros de que tienen una fe grande en Dios y en su Palabra, y el amor del Señor en sus corazones, entonces sabremos que están listos para la eternidad. Nuestras oraciones pueden jugar un papel mayor ayudándoles a lograrlo.

Los apóstoles, que estaban con Jesús todos los días, oyéndole enseñar y mirando lo que hacía, aun tenían que pedirle: "Auméntanos la fe" (Lucas 17:5). Sin duda *nosotros* podemos pedir lo mismo para nuestros hijos: "Señor, auméntales la fe".

A los israelitas, testigos de milagros que nosotros quizás jamás veremos, no se les permitió entrar a la Tierra Prometida por causa de su incredulidad (Hebreos 3:19). Nosotros no queremos que una falta de fe impida a nuestros hijos entrar a todo lo que Dios ha prometido para ellos. Podemos enseñarles la Palabra de Dios, la cual genera fe en ellos, y tenemos la posibilidad de orar para que ésta crezca.

Los niños que tienen fe tienen características distintivas, diferentes a los que no la poseen. Disfrutan más confianza, motivación, alegría, son más positivos en cuanto al futuro, y dan más de sí mismos. De hecho, una de las manifestaciones principales de una persona fuerte en la fe es la habilidad de dar; no solo en términos de dinero o posesiones, sino también tiempo, amor, exhortación, y ayuda. Una persona de fe está llena del amor de Dios y busca oportunidades para poder compartirlo con otros.

La Biblia dice:

> *Y ahora permanecen la fe, la esperanza y el amor, estos tres; pero el mayor de ellos es el amor.*

1 Corintios 12:13

En el cielo la fe no será necesaria porque veremos todo. La esperanza tampoco lo será porque, ¿qué más podríamos esperar? Solo el amor permanecerá para siempre, porque Dios es amor y *Él* es eterno. Por eso no importa cuán grande sea lo que hagamos o cuánto damos; si la motivación no es amor, de nada sirve.

> *Y si repartiese todos mis bienes para dar de comer a los pobres, y si entregase mi cuerpo para ser quemado, y no tengo amor, de nada me sirve.*

1 Corintios 13:3

Todo lo que hagamos en amor permanecerá para siempre y las recompensas son eternas.

El amor es la virtud mayor, aun más que la fe. Pero es ésta, es su punto de partida. Por ello tenemos que orar, que a medida que la fe se incremente en nuestros hijos, ellos se conviertan en instrumentos de Dios para servir. Una de las razones por las cuales las personas no dan, es por creer que de hacerlo, no habrá suficiente para ellos; otra razón es que no tienen el amor de Dios en su corazón. Clama para que el principio de dar, por amor, como para el Señor, en fe, *con sabiduría* y la dirección del Espíritu Santo, sea infundido en los corazones y mentes de nuestros hijos, porque al vivir de acuerdo a ello, se les garantiza el ser ricamente bendecidos y realizados.

Cuando oramos con seriedad por nuestros hijos enfocados en cualquier área de preocupación, a menudo nos enfrentaremos con nuestra propia necesidad de oración, liberación, y restauración. ¿Cómo podemos orar para que nuestros hijos sean perdonadores si nosotros mismos tenemos la falta de perdón escondida en nuestro corazón? ¿Cómo podemos orar con poder para que ellos se arrepientan si nosotros tenemos pecado no confesado? ¿Cómo pedirle a Dios que los haga niños llenos de fe cuando nosotros luchamos con la duda? ¿Cómo podemos orar para que ellos sean dadivosos cuando a nosotros nos es difícil dar? Todo lo mencionado me proporciona conciencia de pecado, pero no permito que eso me impida orar. Me presento delante del Señor con corazón humilde, confesando lo que vea dentro de mí y solicitando su ayuda.

Si por ejemplo, sientes que no tienes suficiente fe, confiésalo a Dios y antes de clamar por tu hijo, hazlo por ti colocando *tu* nombre en la oración al final de este capítulo.

La Biblia dice:

> *Todo lo que no proviene de fe, es pecado.*
>
> Romanos 14:23

Si dudamos, no estamos obedeciendo a Dios. Si confiamos, somos obedientes. La duda viene de creer que Dios no es todopoderoso. No permitas que tu propia carencia de fe cree una pared entre tú y Dios. Deja que sea una invitación para correr a Él en oración, pidiéndole que aumente *tu* fe, al igual que la de *tu hijo*.

Aunque esta sea la última de las categorías para oración enfocadas en este libro, yo suplico que sea solo el comienzo para ti mientras el Señor te muestra formas nuevas de orar por tu hijo. Conserva en mente, que el poder que tienes como padre que ora es el poder de Dios. Tus oraciones activan esa potencia para hacer la voluntad de Dios. Siempre está disponible, nunca en cantidades limitadas, y las únicas restricciones vienen por la falta de fe en que Dios responderá. Aun entonces, la gracia de Dios es tal que cuando sentimos no contar con mucha fe, la que *sí* tenemos, es como una semilla de mostaza, suficiente para crecer y llegar a ser algo grande.

Unámonos a otros padres que oran y digamos: "Que las semillas de nuestra fe, sembradas en oración, den vida y hagan que nuestros hijos crezcan hasta convertirse en personas especiales, conforme al corazón de Dios".

ORACIÓN

Señor:

Tú has dicho en tu Palabra "conforme a la medida de fe que Dios repartió a cada uno" (Romanos 12:3). Yo oro para que tú tomes la fe que has repartido a (nombre del niño) y se la multipliques. Que la verdad de tu Palabra sea establecida firmemente en su corazón para que la certeza crezca cada día e inunde su vida. Ayúdale a confiar en ti en todo momento mientras te busca para encontrar la verdad, dirección y transformación a tu semejanza. Yo sé que confiar en ti es una decisión nuestra. Ayúdale a él (ella) a tomar esa decisión. Yo imploro para que él (ella) vaya a ti para todo, sabiendo que nunca carece de esperanza. Que su fe sea la "certeza de lo que se espera, la convicción de lo que no se ve" (Hebreos 11:1). Oro para que su fe sea lo suficientemente fuerte como para levantarle por encima de circunstancias y limitaciones e infundirle la confianza de saber que todas las cosas le ayudan a bien (Romanos 8:28).

Yo oro para que él (ella) esté tan firme en su fe que su relación contigo se imponga a todo lo demás en su vida, aun a mi influencia como padre. En otras palabras, Señor, que él (ella) tenga una relación contigo que ciertamente sea suya propia, no una extensión de la mía o de otra persona. Deseo el consuelo de saber que cuando ya yo no esté en esta tierra su fe sea tal, que le mantenga "firme y constante, creciendo en la obra del Señor siempre" (1 Corintios 15:58).

Al caminar en fe, que él (ella) tenga tu corazón de amor que se desborda hacia otros, dispuesto a dar de sí mismo y también posesiones de acuerdo a tu dirección. Que pueda ver que dar por amor es en realidad *devolverte* a ti en fe y que por hacerlo, jamás perderá. Yo oro para que él (ella) tome "el escudo de la fe", pueda "apagar todos los dardos de fuego del maligno" (Efesios 6:16), y por lo tanto esté firme en la fe y diga: "Doy gracias al que me fortaleció, a Cristo Jesús nuestro Señor, porque me tuvo por fiel" (1 Timoteo 1:12). En el nombre de Jesús yo oro todas estas cosas.

❖ ❖ ❖

ARMAS DE GUERRA

Pero sin fe es imposible agradar a Dios; porque
es necesario que el que se acerca a Dios crea
que le hay, y que es galardonador de
los que le buscan.

Hebreos 11:6

Por tanto, os digo que todo lo que pidiereis
orando, creed que lo recibiréis, y os vendrá.

Marcos 11:24

Si tuviereis fe como un grano de mostaza, diréis a
este monte: Pásate de aquí allá, y se pasará;
y nada os será imposible.

Mateo 17:20

Pero pida con fe, no dudando nada; porque el que
duda es semejante a la onda del mar, que es
arrastrada por el viento y echada de una parte
a otra. No piense, pues, quien tal haga, que
recibirá cosa alguna del Señor. El hombre de
doble ánimo es inconstante en todos
sus caminos.

Santiago 1:6-8

No nos cansemos, pues, de hacer bien; porque a
su tiempo segaremos si no desmayamos.
Así que, según tengamos oportunidad, hagamos
bien a todos, y mayormente a los de la
misma familia de la fe.

Gálatas 6:9-10

Apéndice

Orando unidos a otros padres

*D*espués de experimentar varias formas de organizar un tiempo de oración intercesora para niños, encontré un formato que funciona bien. En primer lugar, cada reunión de oración tiene que limitarse a interceder por no más de doce niños, ya que toma entre veinte y treinta minutos por niño, el compartir las preocupaciones, peticiones y orar de forma adecuada por ellos. Esto implica que aun doce niños, requiere seis horas de oración. Como padre esto es un gran sacrificio de tiempo y compromiso, sin mencionar cómo ello hace estallar la paciencia de los niños. Por eso solo lo hacemos una o dos veces al año; por lo general, un sábado o un día feriado.

Lo organizamos de modo que comenzamos a orar a las 2:00 p.m., hacemos una pausa de cinco a cinco y treinta de la tarde para comer la cena., y luego proseguimos hasta las ocho y treinta de la noche. Algunas veces traemos comida para compartir; otras ordenamos comida a domicilio. Contratamos a adolescentes para que mantengan entretenidos a los niños pequeños y los cuiden en un cuarto separado, mientras los adultos oran en privado.

Hemos descubierto que no funciona bien orar por todos los niños de una familia a la vez , pues al terminar, a menudo esa familia siente que ya cumplieron su objetivo y es hora de marcharse a casa. Tampoco es bueno que vengan algunos buscando oración personal y luego se retiren; es aun peor dejar ahí al niño para que se ore por él (ella) y después venir a recogerlo. La única vez que estuvimos felices de hacer eso fue en el caso de una madre soltera que trabajaba y no tenía otra opción. En su mayor parte, este tiempo de oración tiene que ser un compromiso de *todos* los padres con *todos* los niños durante *todo* el tiempo que sea necesario. Hazles saber con anticipación lo que se espera de ellos al respecto para que puedan decidir si establecen el compromiso.

Al comenzar, sorteamos los nombres de cada familia para ver en qué orden proseguiremos. Oramos en ese orden, individualmente, por el primogénito de cada familia. Cuando hayamos terminado con ellos, oramos por el segundo que nació, luego el tercero y así.

Siempre comenzamos el tiempo de oración sin que el niño esté presente, para que los padres puedan presentar sus peticiones, preocupaciones y podamos orar por cualquier situación delicada que no se desea que el niño oiga. Entonces invitamos a que el niño entre al cuarto para compartir sus propias peticiones específicas. Al orar por estas últimas, también lo hacemos por la salud, la seguridad del niño, su protección, dirección, el desarrollo de dones, talentos, y posiblemente mencionamos con discreción la preocupación antes expuesta por el padre.

Por ejemplo, un padre expresó inquietud por la mala influencia de ciertos amigos en la vida del niño. Cuando oramos *sin* el niño, intercedimos por los amigos específicos con lujo de detalles. Cuando clamamos *con* el niño, oramos para que él tuviera el discernimiento para buscar amigos piadosos y que rechazara amistades impías. La clave aquí es la discreción, para que el niño jamás se sienta traicionado ni juzgado, solo amado.

Las familias con las cuales hemos orado a través de los años, aún comentan el impacto poderoso del tiempo que pasamos juntos y las muchas respuestas a oración que vinieron como resultado. A los niños también les gustaban aquellas sesiones de oración porque se sentían amados y especiales. Hasta hubo casos en los que asistieron padres en busca de oración por un hijo adulto que vivía fuera de la casa. Posteriormente, ellos también dieron testimonio del efecto positivo de estas rogativas.

¿Quién sabe cuántas vidas han sido o pueden ser salvadas de una u otra forma, por el simple hecho de que padres se unan para orar? No vaciles en organizar un grupo de este tipo en tu área. La necesidad es grande. Si tú lo organizas, las personas vendrán.